公园城市
中国式现代化的成都故事

中共成都市委党校（成都市行政学院） 组织编写

王胡林 等 著

中共成都市委党校"学习贯彻习近平总书记来川视察重要指示精神"重大专项课题成果，项目编号E-2023-ZD004

2022年成都市哲学社会科学规划项目成果，项目编号2022B07

成都市哲学社会科学重点研究基地"城乡治理现代化研究中心"成果

"中国式现代化的故事"丛书·特色城市辑

张占斌 总主编

中央党校出版社集团
国家行政学院出版社

图书在版编目（CIP）数据

公园城市：中国式现代化的成都故事/王胡林等著.
北京：国家行政学院出版社，2024.11.--（"中国式现代化的故事"丛书/张占斌主编）.-- ISBN 978-7-5150-2913-9

Ⅰ.D677.11

中国国家版本馆 CIP 数据核字第 20247P1M57 号

书　　名	公园城市——中国式现代化的成都故事
	GONGYUAN CHENGSHI——ZHONGGUOSHI XIANDAIHUA DE CHENGDU GUSHI
作　　者	王胡林　等著
统筹策划	胡　敏　刘韫劼　陈科
责任编辑	陈　科　陆　夏
责任校对	许海利
责任印刷	吴　霞
出版发行	国家行政学院出版社
	（北京市海淀区长春桥路6号　100089）
综 合 办	（010）68928887
发 行 部	（010）68928866
经　　销	新华书店
印　　刷	北京新视觉印刷有限公司
版　　次	2024年11月北京第1版
印　　次	2024年11月北京第1次印刷
开　　本	170毫米×240毫米　16开
印　　张	12.75
字　　数	177千字
定　　价	58.00元

本书如有印装问题，可联系调换。联系电话：（010）68929022

出版说明

党的二十大报告指出，从现在起，中国共产党的中心任务就是团结带领全国各族人民全面建成社会主义现代化强国、实现第二个百年奋斗目标，以中国式现代化全面推进中华民族伟大复兴。习近平总书记在中央党校建校90周年庆祝大会暨2023年春季学期开学典礼上的讲话中首次创造性提出"为党育才、为党献策"的党校初心。紧扣党的中心任务，践行党校初心，中央党校出版集团国家行政学院出版社和中央党校（国家行政学院）中国式现代化研究中心特别策划"中国式现代化的故事"丛书，邀请地方党校（行政学院）、宣传部门、新闻媒体、行业企业等方面共同参与策划和组织编写，从不同层次、不同维度、不同视角讲述中国式现代化的地方故事、企业故事、产业故事，生动展示各个地区、各个领域在大力拓展中国式现代化新征程上的理念创新、实践创新、制度创新、文化创新等，精彩呈现当代中国以中国式现代化全面推进中华民族伟大复兴的宏大历史叙事，以讲好中国式现代化的故事来讲好中国故事。

该丛书力求体现这样几个突出特点：

其一，文风活泼，以白描手法代入鲜活场景。本丛书区别于一般学术论著或理论读物严肃刻板的面孔，以生动鲜活的题材、清新温暖的笔触、富有现场感的表达和丰富精美的图片，将各地方、企业推进中国式现代化建设的理论思考、战略规划、重要举措、实践路径等向读者娓娓道来，使读者在沉浸式的阅读体验中获得共鸣、引发思考、受到启迪。

其二，视野开阔，以小切口反映大主题。丛书中既有历史人文风貌、经济地理特质的纵深概述，也有改革创新举措、转型升级案例的细节剖解，既讲天下事，又讲身边事，以点带面、以小见大，用故事提炼经验，以案例支撑理论，从而兼顾理论厚度、思想深度、实践力度和情感温度。

其三，层次丰富，以一域之光映衬全域风采。丛书有开风气之先的上海气度，也有立开放潮头的南粤之声；有沉稳构筑首都经济圈的京津冀足音，也有聚力谱写东北全面振兴的黑吉辽篇章；有在长江三角洲区域一体化发展中厚积薄发的安徽样板，也有在成渝地区双城经济圈中走深走实的川渝实践；有生态高颜值、发展高质量齐头并进的云南画卷，也有以"数"为笔、逐浪蓝海的贵州答卷；有"强富美高"的南京路径，也有"七个新天堂"的杭州示范……。丛书还将陆续推出各企业、各行业的现代化故事，带读者领略中国式现代化的深厚底蕴、辽阔风光和壮美前景。

"中国式现代化的故事"丛书既是各地方、企业推进中国式现代化建设充满生机活力的形象展示，也是以地方、企业发展缩影印证中国式现代化理论科学性的多维解码。希望本丛书的出版，能够为各地方、企业搭建学习交流平台，将一地一域的现代化建设融入全面建设社会主义现代化国家的大局，步伐一致奋力谱写中国式现代化的历史新篇章。

国家行政学院出版社
"中国式现代化的故事"丛书策划编辑组

总 序

党的二十大擘画了全面建成社会主义现代化强国、以中国式现代化全面推进中华民族伟大复兴的宏伟蓝图。中国式现代化是前无古人的开创性事业，是强国建设、民族复兴的康庄大道。回顾过去，中国共产党带领人民艰辛探索、铸就辉煌，用几十年时间走完西方发达国家几百年走过的工业化历程，创造了经济快速发展和社会长期稳定的两大奇迹，实践有力证明了中国式现代化走得通、行得稳；面向未来，在以习近平同志为核心的党中央坚强领导下，各地方各企业立足各自的资源禀赋、区位优势和产业基础、发展规划，精心谋划、奋勇争先，在推进中国式现代化过程中将展现出一系列生动场景，一步一个脚印地把美好蓝图变为现实形态。

中国式现代化，是中国共产党领导的社会主义现代化，既有各国现代化的共同特征，又有基于自己国情的中国特色。中国式现代化，是人口规模巨大的现代化，是全体人民共同富裕的现代化，是物质文明和精神文明相协调的现代化，是人与自然和谐共生的现代化，是走和平发展道路的现代化。这五个方面的中国特色，不仅深刻揭示了中国式现代化的科学内涵，也体现在不同地方、企业推进现代化建设可感可知可行的实际成果中。中国式现代化理论为地方、企业现代化的实践探索提供了不竭动力，地方、企业推进中国式现代化建设的成就也印证了中国式现代化道路行稳致远的时代必然。

为讲好中国式现代化的故事，更加全面、立体、直观地呈现中国式现代化的丰富内涵和万千气象，中央党校（国家行政学院）中国式现代化研究中心和中央党校出版集团国家行政学院出版社联合策划推出"中国式现代化的故事"丛书，展现各地方、企业等在着眼全国大局、立足地方实际、发挥自身优势，推进中国式现代化建设上的新突破新作为新担当，总结贯穿其中的完整准确全面贯彻新发展理念、构建新发展格局、推动高质量发展的新理念新方法新经验。我们希望该系列丛书一本一本的出下去，能够为各地更好推进中国式现代化建设以启迪和思考，为以中国式现代化全面推进中华民族伟大复兴凝聚更加巩固的思想基础，为进一步推进中国式现代化的新实践、书写中国式现代化的新篇章汇聚磅礴力量。

中央党校（国家行政学院）中国式现代化研究中心主任

2023 年 10 月

序　言

建设践行新发展理念的公园城市示范区是习近平总书记和党中央、国务院赋予成都的重要使命。2018年2月，习近平总书记来川视察，在成都首次提出公园城市理念，强调"要突出公园城市特点，把生态价值考虑进去"。2020年1月，习近平总书记主持召开中央财经委员会第六次会议，研究推动成渝地区双城经济圈建设等问题时，明确提出支持成都建设践行新发展理念的公园城市示范区。同年10月，中共中央、国务院印发《成渝地区双城经济圈建设规划纲要》，要求成都以建成践行新发展理念的公园城市示范区为统领。12月，中共四川省委、四川省人民政府印发《关于支持成都建设践行新发展理念的公园城市示范区的意见》。2022年1月，国务院正式批复同意成都建设践行新发展理念的公园城市示范区。2022年2月，国家发展和改革委员会、自然资源部、住房和城乡建设部三部委联合印发了《成都建设践行新发展理念的公园城市示范区总体方案》。自此，公园城市示范区成为成都完整准确全面贯彻新发展理念，推动高质量发展，创造高品质生活，实现高效能治理，探索山水人城和谐相融新实践、超大特大城市转型发展新路径的行动指南。

公园城市理念内涵十分丰富，是全面体现新发展理念的城市发展高级形态，是对现代化城市建设内涵的整体重塑，意味着城市建设模式、城市管理方式、市民生活方式、社会治理方式的全方位变革，充分体现了习近平总书记对人类社会发展规律、人与自然关系演进规律、城市文明发展规律的科学把握和深刻洞悉，体现了对新的历史条件下如何建设现代化城市、建设什么样的现代化城市的深邃思考和战略谋划，为全球探索城市可持续发展新形态、推进人类命运共同体建设提供了"中国智慧"和"中国模式"。

"九天开出一成都，万户千门入画图"是大诗人李白对于成都的赞美。作为古蜀文明的发祥地，公元前316年，秦灭蜀，始设蜀郡及成都县。公元前311年，仿秦制重建城垣，为有文献记载的城市规划与建设之始，迄今已有2300多年。汉因织锦业发达专设锦官管理，故有"锦官城""锦城"之称，五代后蜀时遍种芙蓉，故别称"芙蓉城""蓉城"，简称"蓉"。这座千年古都历经4500多年文明史的洗礼，2300多年建城史的磨砺，城名未改、城址未迁、文脉未断，文化遗存丰富璀璨、文化名家俊杰辈出，是一座随处能触摸历史、体验中国式现代化万千气象的大美之城。

成都自古就在全国有重要影响，唐宋时期，成都的富庶程度可与江南媲美，有"扬一益二"之称。时至今日，成都处于国家的战略大后方，是"一带一路"建设和长江经济带发展的重要节点，是西部陆海新通道的起点之一，是我国向西向南开放门户，是连接东亚和东南亚、南亚的重要通道，在国家战略安全中具有十分重要的位置。作为四川省会和成渝极核城市，成都科教基础雄厚，产业体系完备，人才资源富集，发展潜力巨大，市场辐射空间广阔。同时，成都地处青藏高原向长江中下游平原的过渡地带，生态本底良好。龙门山、龙泉山"两山环抱"，岷江、沱江及诸多支流贯穿全境，生态及农业空间约占市域面积的78%，森林覆盖率超40%，川西林盘在广袤平原"随田散居"，至今保存完好，对维护四川乃至国家生态安全至关重要，建设践行新发展理念的公园城市示范区，具有得天独厚的有利条件。

从首提"公园城市"理念，到"支持建设践行新发展理念的公园城市示范区"，寄予着习近平总书记对成都的殷切期盼，对充分发挥成都独特生态本底、鲜明生活特质，以及超大城市治理现代化、国际门户枢纽等优势，推动成渝地区双城经济圈建设，打造带动全国高质量发展的重要增长极和新的动力源，具有深刻的时代意义和深邃的战略考量。近年来，成都坚定不移沿着习近平总书记指引的方向勇毅前行，主动投身建设践行新发展理念的公园城市示范区、创造幸福美好生活的创新实践，以推动高质量发展、创造高品质生活、实现高效能治理为目标导向，统筹推进新发展理念落实，把历史和文化连接起来，把传统和现代贯通起来，把自然和城市融合起来，更好推动现代城市文明发展，更好满足人民群众对美好生活的向往，加快建设人城境业高度和谐统一的大美公园城市。2023年成都经济总量2.21万亿元，社会消费品零售总额突破1万亿元，市场主体总量达389.12万户，分别较2017年增长了59%、45%、101%，多次名列"最具幸福感城市"榜首，是中国最具活力和幸福感的城市之一。成都的创新探索表明，建设践行新发展理念的公园城市示范区，充分彰显了超大城市转型发展、推动治理现代化的实践伟力和时代价值。

目　录

第一章　从公园城市到公园城市示范区

一、成都：公园城市首提地 / 2

二、从公园城市到公园城市示范区 / 8

三、公园城市示范区展现中国式现代化万千气象 / 12

第二章　塑造公园城市优美形态
打造城市践行绿水青山就是金山银山理念的示范区

一、"三生融合"的价值追求 / 20

二、"蓝绿交织"的公园体系 / 28

三、孜孜以求的保护修复 / 36

四、久久为功的污染防治 / 45

五、公园城市的乡村表达 / 51

第三章 增进公园城市民生福祉
打造城市人民宜居的示范区

一、温度：民之所盼，我必行之 / 60

二、广度：袅袅炊烟，热辣生活 / 72

三、深度：天府特色，三城三都 / 88

第四章 激发公园城市经济活力
打造城市人民宜业的示范区

一、筑基：九层之台，起于累土 / 104

二、活力：开放通道聚动能，创新创业焕新机 / 119

三、公平：海阔凭鱼跃，天高任鸟飞 / 128

第五章　增强公园城市治理效能

打造城市治理现代化的示范区

一、智慧：工欲善其事，必先利其器 / 140

二、韧性：居安思危，可无备御 / 155

三、品质：知微见著，臻于至善 / 164

四、结语 / 175

参考文献

后　记

第一章

从公园城市到公园城市示范区

从2018年习近平总书记来川视察时在成都首提"公园城市",到2020年支持建设践行新发展理念的公园城市示范区,再到如今公园形态与城市空间深度融合,科技创新能力和产业发展能级大幅提升,基本公共服务均等化水平明显提高,城市建成区绿化覆盖率、公园绿化活动场地服务半径覆盖率稳步提高,世界文化名城和历史文化名城特征更加彰显,超大城市现代治理体系和治理水平更为健全,成都的公园城市建设取得了显著成效。6年多来,公园城市的大气之形、大美之态初步彰显,山水人城和谐相融、超大特大城市转型发展的生态之城、活力之城、幸福之城跃然眼前,成都站上了历史潮头,成为展示中国式现代化万千气象的"重要窗口"。

公园城市

一、成都：公园城市首提地

　　成都历史文化悠久。距今 4500 多年的成都平原上的宝墩文化古城遗址是成都城市最初的胚胎，至距今 3000 多年的三星堆、金沙和十二桥遗址时代，在成都平原的腹心地带就形成了最早、最大的古蜀都邑。传说古蜀曾先后相继有蚕丛、柏灌、鱼凫、杜宇直至开明等五代蜀王，实际是从渔猎到农耕定居时代不同经济生活的五大部族。战国早期，蜀族开明王朝就在今天的成都城区定点居住。战国晚期，秦惠文王二十二年（公元前 316 年）灭蜀，成都为蜀郡治所，并始设成都县。

　　秦以后至清朝的 2200 多年漫长历史里，成都一直都是县、郡、州、府、路、道、省的治所。其间先后成为大成、蜀汉、成汉、前蜀、后蜀、大蜀、大西割据政权的首府。民国时期，成都也为省治。民国十一年（1922 年）成立了市政公所，民国十七年（1928 年）成立了成都市政府，成都市成为省辖市。中华人民共和国成立后，于 1949 年 12 月成立了川西行政公署，成都为行署驻地。1952 年恢复四川省建制，成都为四川省省会。

　　回顾历史，成都在汉代为全国五大都会之一，唐时为中国最发达工商业城市之一，史称"扬一益二"[①]。北宋诞生了世界上第一种纸币交子。新中国成立以

---

① 成都古称益州。

第一章　从公园城市到公园城市示范区

金沙遗址（韩杰 摄影）

来，成都在工业化、城镇化、信息化的浪潮中快速发展，建成区面积从20世纪50年代初的18平方千米扩大到2023年的1309.9平方千米，常住人口从59万人增长到2140.3万人，在城市发展史上书写了精彩的篇章。特别是成都借助优越的地理区位和发展政策，不断拓展发展格局的深度和广度，提升对外开放通道、枢纽和平台能级，加速推进开放合作向更高层次、更高水平迈进，逐渐成长为西部人口最密集、经济体量最大、产业基础最雄厚、创新能力最强、开放程度最高的区域之一。"一带一路"建设、长江经济带发展、新时代西部大开发等国家战略交汇叠加，既是西部陆海新通道的起点之一、西向南向开放的门户，又

公园城市

安顺廊桥（韩杰 摄影）

是承东启西、连接中原与西南西北的重要枢纽，在国家发展格局中具有十分重要的位置。

关于"成都"名称的由来，无论是宋代《太平寰宇记》中记载的因"一年成聚，二年成邑，三年成都"的都城之意而成名，还是因古蜀望帝杜宇"认为建国功成，可垂久远，这个都城可以一成不变了，所以命名为成都"，成都均是世界上罕见和少有的都市古城：4500多年前开始孕育，3000多年来城址不变，2300多年来城名未改。[①] 成都千年发展历程中城市空间结构几经调整，因天时就地利的营城逻辑贯穿始终，山水秩序与人文特质相互交融，彰显了人与自然和谐共生的筑城智慧。

---

① 叶荣宗：《成都走笔》，方志出版社2010年版，第1页。

伴随着工业化城镇化的快速推进和城市规模的不断扩大，成都已经成长为一座人口超2000万人的超大型城市。面对经济快速发展和人口规模壮大的同时，也面临着交通拥堵、环境污染、资源环境要素趋紧、基础设施和公共服务滞后等一系列"大城市病"。问题是时代的声音。习近平总书记深刻把握世界城市文明发展规律和人与自然关系的演进规律，以大历史观洞察时代趋势，以人民为中心回应美好生活关切，赋予成都建设公园城市的时代使命，开启了成都现代化建设的新篇章。公园城市是习近平生态文明思想的城市实践，孕育于源远流长的中华文化，体现了天人合一、道法自然的哲学思想，继承中国"因天时、就地利"的筑城智慧，诠释了新时代人与自然和谐共生的价值追求。

成都把公园城市作为建设全面体现发展理念城市的目标导航，强调了城市建设与社会发展中的公平公正和民生福祉，深刻践行人民城市人民建、人民城市为人民，为城市居民创造出更多的公共空间、公共服务和发展机会，开启了新时代现代化城市建设的崭新征程。建设公园城市，对于发挥龙头带动和示范引领作用、推动区域协调发展，对于把握城市发展规律、提升城市功能品质、满足人民群众对美好生活的向往，对于推动成都加快构建新发展格局、推动高质量发展和现代化建设，具有重要意义。

自2018年2月习近平总书记在成都提出公园城市理念以来，成都坚持以新发展理念为指引，结合贯彻落实中央城市工作会议精神，全过程做好城市规划、建设、管理、运营等工作，努力探索现代化城市建设转型发展，围绕公园城市建设开展了大量富有成效的工作。

一是坚持规划先行。坚持以成都自然地理格局为基础，注重突出公园城市特色，秉持山水林田湖草生命共同体理念，以全域生态资源作为本底，顺应自然山水脉络，强化国土空间规划对公园城市建设的引领作用，将公园城市发展的美好愿景、理念导向具体落实到空间布局中，体现了公园城市的美学价值、经济价值和社会价值。加强生态系统保护和修复，注重构建重要生态屏障、生

公园城市

态廊道和生态网络均衡布局绿色空间，形成连续完整系统的生态保护格局，促进生物多样性保护，促进人与自然和谐共生，以优良的环境质量、宜居的品质，提升城市的竞争力，提供创新的动力源。更加注重自然生态的整体性和系统性，统筹好生产、生活、生态三大空间布局，科学划定生态保护红线、永久基本农田、城镇开发边界三条控制线，形成生产空间集约高效、生活空间宜居适度、生态空间山清水秀的国土空间开发保护的新格局，构建形成相对完整的绿色空间系统，让美丽城镇与美丽乡村交相辉映、美丽山川和美丽人居有机融合，实现生态环境保护和经济高质量发展双赢的新局面。

二是探索管理创新。编制了《成都市美丽宜居公园城市规划》，发布了《公园城市"金角银边"场景营造指南》《公园社区人居环境营建指南》《公园城市

大熊猫国家公园（韩杰 摄影）

乡村绿化景观营建指南》《公园城市公园场景营造和业态融合指南》《公园城市绿地应急避难功能设计规范》等多项地方标准以及《成都天府绿道白皮书》等实践成果，着力打造公园城市建设的成都样本，这些是以人民为中心发展思想的具体体现，是生态文明思想在城市建设领域的生动实践，是城市管理理论上的重大突破，也是满足人民美好生活需要的重要路径。天府新区也积极担负起"中国式现代化城市建设"使命，紧扣"锚固公园城市首提地地位"和"助推公园城市先行区高质量发展"两大目标，相继编制了《四川天府新区公园城市标准体系（1.0版）》《四川天府新区公园城市标准体系（2.0版）》，构建了公园城市标准化综合试点基础框架和方向指引，积极探索公园城市的标准化表达，为公园城市全周期营城各环节各领域提供了综合体系架构和系统指引，为世界城市可持续发展贡献了"中国智慧"和"天府模式"，努力在新时代新征程上谱写中国式现代化公园城市先行区建设发展新篇章。

三是提升发展能级。公园城市建设不仅需要高品质生态空间，也需要强大的产业支撑和科学的功能布局。坚持以新发展理念推动高质量发展，以"建圈强链"为抓手构建现代产业体系，大力发展先进制造业，推动传统产业数字化、智能化、生态化。坚持"人城产"逻辑，大力推进产城融合发展，着力优化技术、人才、资本、土地等要素配置，强化高端产业引领功能，大力发展高端服务业和现代制造业，积极推进"总部+基地""总部+研发"等发展模式，创新"公园+""绿色+"等新业态新模式，探索发展智慧城市、生态体验、创意农业、文化展示等经济业态，努力掌握产业链核心环节、占据价值链高端地位。坚持"人民城市人民建、人民城市为人民"重要理念，以实现共同富裕为目标，充分利用两种资源两个市场，推动供需高水平动态平衡，促进物质产品增加、社会财富积聚、文化认同提高，着力推动社会财富公平共享、生活环境宜业宜居、公共服务普惠优质、城市友好全龄共享、人文精神自信自强，增强可感可及体验。

二、从公园城市到公园城市示范区

2020年1月3日，十九届中央财经委员会第六次会议明确支持成都建设践行新发展理念的公园城市示范区。从公园城市的"首提地"到"示范区"，成都仅仅用了两年。

2020年10月，中共中央、国务院印发《成渝地区双城经济圈建设规划纲要》，要求"成都以建成践行新发展理念的公园城市示范区为统领，厚植高品质宜居优势，提升国际国内高端要素运筹能力，构建支撑高质量发展的现代产业体系、创新体系、城市治理体系，打造区域经济中心、科技中心、世界文化名城和国际门户枢纽，提升国家中心城市国际竞争力和区域辐射力"。

2022年1月28日，国务院正式批复同意成都建设践行新发展理念的公园城市示范区，明确提出"完整、准确、全面贯彻新发展理念，加快构建新发展格局，坚持以人民为中心，统筹发展和安全，将绿水青山就是金山银山理念贯穿城市发展全过程，充分彰显生态价值，推动生态文明建设与经济社会发展相得益彰，促进城市风貌与公园形态交织相融"，并要求"积极创造可复制可推广的典型经验和制度成果"。这标志着公园城市历经理论研究、先行实践，已正式进入全新的发展阶段，将努力探索具有普遍指导意义的生态文明时代城市系统转型发展方案。

成都作为我国第一个"公园城市示范区",同时还是国家中心城市、成渝地区双城经济圈极核城市,拥有超大的人口规模和经济体量,受关注度很高。不过,建设好这个示范区是一个长期的系统工程,不是一朝一夕能完成的。按照国家发展改革委、自然资源部、住房和城乡建设部联合印发的《成都建设践行新发展理念的公园城市示范区总体方案》,成都建设公园城市示范区的定位和具体路径可以概括为"两新""三区""四个着力"。"两新",即探索山水人城和谐相融新实践和超大特大城市转型发展新路径;"三区",即打造城市践行绿水青山就是金山银山理念的示范区、城市人民宜居宜业的示范区、城市治理现代化的示范区;"四个着力",即着力厚植绿色生态本底、着力创造宜居美好生活、着力营造宜业优良环境、着力健全现代治理体系。

从这些定位和路径可以看出,公园城市是一项系统性、长期性的工程,不能简单地理解为"城市里建公园",更不能理解为"郊区化运动"。比方说,欧美的"郊区化运动",人们为了逃离市中心的拥挤与喧嚣,跑到郊区住着低密度的花园洋房,后来却发现住在郊区,人们虽然与大自然更近了,但城市也因此无序扩张,带来了巨大的钟摆交通难题与空气污染,这些从纽约、伦敦、悉尼等大都市早晚高峰拥堵可见一斑。

成都建设公园城市,不是简单地在城市里建公园,而是让城市与公园融会贯通,消除二者之间的割裂感,形成"园中建城、城中有园、推窗见绿、出门见园"的新型城市形态,这些城市形态与城市的经济、科技、人文等达到一种有机的融合。为此,成都市提出,到2025年,人城境业高度和谐统一的美丽宜居公园城市形态基本构建,创造幸福美好生活的体制机制和政策框架基本建立。到2030年,践行新发展理念的公园城市示范区全面建成,成都幸福美好生活水平全面提高。到2035年,生态型、高质量、人本化、有韧性、可持续的特质充分彰显,践行新发展理念的公园城市示范区成为全国样板,共同富裕走在全国

公园城市

前列。①

从公园城市到公园城市示范区,成都以新发展理念为"魂"、以公园城市为"形",先行先试,推动公园城市示范区建设稳步发展,努力在公园城市建设中走在前列、作出示范。在理论研究方面,成都围绕公园城市的内涵、特征,建立了公园城市建设评价指标体系,形成一套涵盖5大类25小类技术管理规定及

城市与公园相容共生(韩杰 摄影)

---

① 参见《中共成都市委关于高质量建设践行新发展理念的公园城市示范区高水平创造新时代幸福美好生活的决定》。

规划建设导则的公园城市规划技术标准体系。在空间治理方面，形成"三级三类"国土空间规划体系。市级层面出台《关于建立公园城市国土空间规划体系全面提升空间治理能力的实施意见》，成为城市空间治理的纲领性文件。各区（市）县形成公园城市建设规划、示范片区规划和示范点实施规划共同组成的多层次公园城市专项规划体系。在实践指向方面，围绕成渝地区双城经济圈建设、成都都市圈建设、实践生态文明和绿色发展、推进四化同步和城乡融合、加强和创新社会治理、智慧治理和公共安全治理等多维角度，成都形成了一大批具有全国影响力、市民群众满意的实践案例。可以说，公园城市示范区建设推动成都在城市建设理念、发展方式、治理体系等方面展开了一场系统变革，进一步提升了成都宜业宜商宜居宜游的功能品质，推动了成都加快建设社会主义现代化城市步伐。

三、公园城市示范区展现
中国式现代化万千气象

城市是承载经济人口的重要支撑、满足人民美好生活向往的重要载体、推进中国式现代化的要求引擎。公园城市理念提出以来，成都坚持以新发展理念为引领，突出公园城市特点，以国际化视野推动规划理念、发展方式全方位深层次变革，市民的获得感、幸福感、安全感不断提升，城市高质量发展水平、区域带动力和国际竞争力日益增强。

（一）着力提升城市整体功能品质

成都着眼产与城的融合，积极探索行政区与经济区适度分离，摒弃"摊大饼"模式，变职住分离的工业园区为功能复合的新型社区，形成多中心、组团式、网络化的空间布局，不断拓展公园城市发展空间。成都着眼产与人的匹配，建设高品质科创空间、高标准人才公寓，依托创新创业环境优势和生活成本竞争优势，引导人力资源向专业化社区集聚。成都着眼产与链的协同，聚焦主导产业细分领域和关键环节，推动上下游左右岸就地布局，让创新链、产业链、资金链、人才链深度融合；聚焦主导产业新赛道和未来产业新方向，建设一批概念验证、中试服务、检验检测等技术平台，提升硬科技创新策源、颠覆性科技成果转化、高成长科技企业孵化和全要素资源整合能力构筑高质量发展的比较竞争优势。

（二）谋划推进区域协同联动发展

成都促进中心城区与县市新城结对联动合作，加快各区（市）县重点片区协同共建，推动中心城区的优质资源要素向县市新城辐射带动。通过在中心城区与远郊县市之间构建联动关系，兄弟区县形成发展合力，把区域差异的特征转变为协同发展的动能，努力实现中心城区与县市新城的双向赋能。着眼破解发展不平衡不充分问题，深入实施区域协调发展战略，推动发展相对落后的远郊县市与中心城区同步实现现代化，成都创新推出了"区域结对联动发展"。锦江区、都江堰市携手打造国际级文旅品牌；青羊区、崇州市结对联合打造航

成都太古里（韩杰 摄影）

空科技产业走廊；武侯区、金堂县合作共建淮州绿谷；金牛区、彭州市聚焦医药健康产业，打造成都都市圈医药健康产业集聚区；成华区、蒲江县积极构建"总部＋基地""研发＋生产""头部＋配套"合作模式；双流区、东部新区、简阳市携手共建临空经济示范区；等等。这些都成为成都探索超大城市实现现代化的新路径。

（三）以科技创新引领现代化产业体系建设

成都坚持创新在现代化建设全局中的核心地位，把握科技创新和产业发展阶段性特征，努力厚植技术创新、要素集聚、平台溢出、成果转化四大优势，形成支撑引领高质量发展的科技创新体系，为推动城市高质量发展和现代化建设奠定坚实基础。产业"建圈强链"深入推进，电子信息产业规模突破1万亿元，形成3个国家先进制造业集群、2个国家战略性新兴产业集群、4个国家中小企业特色产业集群，新增3个国家新型工业化产业示范基地，先后获批国家新一代人工智能创新发展试验区、国家人工智能创新应用先导区。[1]特别是从2021年开始成都拥有第一家本土世界500强企业，到2023年就迅速发展到4家，一举成为中西部拥有本土世界500强企业最多的城市。区域创新体系加快完善，全力开展"卡脖子"关键核心技术攻关，西部（成都）科学城、成渝（兴隆湖）综合性科学中心加快建设，首批4家天府实验室实体化运行，跨尺度矢量光场等5个重大科技基础设施启动建设，全国首个民航科技创新示范区建成投运，国家级科技创新平台增至146家，[2]产业竞争力和创新驱动力同步提升。

---

[1] 资料来源：《2023年成都市政府工作报告》，成都市人民政府网站，https://www.chengdu.gov.cn/gkml/cdsrmzfbgt/zfgzbg/12050935505894 76864.shtml。

[2] 资料来源：《2024年成都市政府工作报告》，成都市人民政府网站，https://www.chengdu.gov.cn/gkml/cdsrmzfbgt/zfgzbg/12050935505894 76864.shtml。

第一章 从公园城市到公园城市示范区

（四）开放门户枢纽功能不断凸显

成都依托天府国际机场、双流国际机场和空港型国家物流枢纽、陆港型国家物流枢纽"两场两港"打造综合性国际交通枢纽。"两场一体"高效协同，2023年成都航空枢纽实现旅客吞吐量7492.4万人次，位居中西部城市第一、全国第三；货邮吞吐量77.2万吨，位居中西部城市第一、全国第六。[①] 推动西部陆海新通道西线工程建设，提升国际国内资源要素运筹能力，畅通"欧盟－成都－东盟"通道网络，中欧班列（成渝）开行量稳居全国第一。城市"朋友圈"持续扩大，外国获批在蓉设立领事机构达23家、位居中西部城市第一。1981

天府国际机场T2航站楼 （韩杰 摄影）

[①] 《3个部面感受成都国际航空枢纽建设新进展》，《成都日报》2024年3月25日。

年第一座与成都建立友好城市关系的是法国城市蒙彼利埃，如今成都在全世界五大洲拥有国际友城和国际友好合作关系城市达到110个，开放水平实现新的跃升。

（五）构建城园相融的空间格局

成都实施"五绿润城""百花美城""千园融城"行动，大力推进环城生态区、锦江公园、国家储备林等重大生态工程。2023年，成都全市新建各级绿道845千米，累计达到7003千米，新改建"回家的路"社区绿道1003条。厚植绿色生态本底、塑造公园城市优美形态，促进城市风貌与公园形态交织相融，注重溶解城园边界，建成世界大运公园、世界科幻公园等各类公园30个，提升改造老公园29个，各类公园总数超1500个。[①] 近年来，依托良好的自然生态和城园相融的空间格局，常态化举办各种类型的群众性活动，城市公园露营、绿道绕城骑行、龙泉山看日出成为市民争相打卡的"新铁人三项"，诠释公园城市的百样美好、万千气象。

（六）聚焦众治智治善治提升超大城市现代化治理水平

成都深入实施幸福美好生活十大工程，加快构建城乡15分钟便民生活圈，着力解决就业、教育、医疗、住房和"一老一小"、老旧小区改造等群众急难愁盼问题。加快推进城市精细化治理，党建引领"微网实格"[②] 基层治理体系不断

---

① 资料来源：《2024年成都市政府工作报告》，成都市人民政府网站，https://www.chengdu.gov.cn/gkml/cdsrmzfbgt/zfgzbg/1205093550589476864.shtml。

② "微网实格"系成都基层治理创新，是指通过划小划微、赋能做实基层末端治理单元，重塑基层组织动员体系，以多元力量集成提升基层效能的治理方式。

完善，优化调整设置微网格12万个、专属网格1.15万个。应急管理、民生服务等实现"多网合一"，"小区物业矛盾'信托制'解纷法"入选全国践行新时代"枫桥经验"典型案例。加快推动"智慧蓉城"建设，纵深推进"三级平台、五级应用"，做强事件中枢，建好"城市一张图"。创新集成"蓉易+"系列服务品牌，12345热线成为党委、政府密切联系群众和企业的"总客服""连心桥"，人人参与、人人负责、人人奉献、人人共享的城市治理共同体助力提升大城众治、智治、善治水平。

公园城市建设，从"首提地"到"示范区"，成都着眼于为人民提供超越传统城市发展模式的高级形态，完整、准确、全面贯彻新发展理念，奋力探索山水人城和谐相融新实践、超大特大城市转型发展新路径，聚力于高质量发展、高品质生活、高效能治理相结合，形成一批具有典型性、创新性、示范性的改革经验和创新做法，"人民城市人民建、人民城市为人民"成为新时代成都发展的生动注脚，书写出新时代公园城市示范区的万千气象。

第二章

塑造公园城市优美形态
打造城市践行绿水青山就是金山银山理念的示范区

绿水青山就是金山银山，就是老百姓的"幸福靠山"。成都始终坚持绿水青山就是金山银山理念，站在人与自然和谐共生的高度擘画发展，将人与自然和谐共生的营城哲学贯穿城市发展始终，坚持把良好生态环境作为最普惠的民生福祉，妥善处理好高质量发展与高水平保护之间的关系，处理好自然恢复与人工修复的关系，处理好外部约束与内生动力的关系，处理好重点发力与协同治理的关系，处理好"双碳"承诺与自主行动的关系，着眼构建山水林田湖草生命共同体，将好山好水好风光融入城市，全地域、全方位、全过程加强生态环境保护修复，优化城市空间格局、公园体系、生态系统、环境质量、风貌特征，让城市在大自然中有机生长，生态环境发生质的变化，天蓝、山绿、水清成为常态，塑造了城园融合、蓝绿互嵌的优美格局，让生态价值得以充分转化，满足了人民日益增长的优美生态环境需要，持续打造城市践行绿水青山就是金山银山理念的示范区。

一、"三生融合"的价值追求

"采菊东篱下，悠然见南山"是陶渊明笔下闲适安逸的田园野趣，也是无数文人雅士向往的生活。而今，在中国式现代化建设的大浪潮中，城市人想要拥有"结庐在人境，而无车马喧"的闹中取静，就要"像对待生命一样对待生态环境，统筹山水林田湖草系统治理，实行最严格的生态环境保护制度，形成绿色发展方式和生活方式，坚定走生产发展、生活富裕、生态良好的文明发展道路"[1]。对一座城市而言，如若城市空间野蛮生长，生态承载终将难以为继；如若要素资源低效使用，永续发展终将难以为继；如若公共服务供给不力，宜居生活终将难以为继；如若利益交织冲突，有序运行终将难以为继；如若城市风貌千篇一律，文化传承终将难以为继。公园城市标定未来形态，就是要在规划、建设、管理等过程中始终将生产、生活、生态有机统一起来，以"三生融合"的理念凝练人城境业高度和谐统一的城市理想。在这样的理想城市中，人们能够就近便地在集约高效的生产空间里工作，在宜居舒适的生活空间内居住，在山清水秀的生态空间中享受生活。公园城市是对产城融合理念的进一步深化，充分体现了以人民为中心的发展思想，能够实现城市的健康可持续发展。

成都生态本底良好，具备探索山水人城和谐相融新实践，以及超大特大城

---

[1] 《习近平著作选读》第二卷，人民出版社2023年版，第20页。

市转型发展新路径的先天禀赋。公园城市理念提出以来，成都时刻践行习近平总书记"把生态价值考虑进去"的殷殷嘱托，坚定走生态优先、绿色发展之路，协同推进了城市高质量发展和生态环境高水平保护，以重大工程为牵引，保护"两山、两网、三环"生态格局，依托龙门山、龙泉山两山建设城市生态绿地系统，推进全域增绿，建设以"锦城绿环"和"锦江绿轴"为主体的城市绿道系统，织造全球规划设计最长的绿道系统，完善休闲健身等功能，建设城市"绿色项链"。建成全球最大的位于城市内部的森林公园，打造覆盖核心城区的锦江公园，构建大熊猫国家公园等示范工程。依托岷江、沱江建设城市生态蓝网系统，强化水源涵养、水土保持、水系连通、河流互济，加强水环境治理、水生态保护修复，提高水网密度，打造功能复合的亲水滨水空间。以城市重点片区建设开发为牵引，打造形成功能完整、结构合理、辐射周边的示范性片区单元，突出城市核心功能、基本功能、特色功能与生态功能的联动互促，促进城市内涵发展、区域差异发展、城乡融合发展，向"三生融合"的向往生活迈步前进，公园城市示范区建设实现了城市发展从外延扩张到内涵提升转变。

（一）告别"摊大饼"发展模式

城，所以盛民也。城市是心灵栖居的港湾，也是成就事业的战场，承载了身心健康与未来发展的多重需求，必须考虑城市有机生命体的复杂性与多元性，告别"摊大饼"的建设模式，坚持"人城产"逻辑，在尊重先天禀赋的前提下有序规划。

1.聚焦重点片区率先突破

成都聚焦破解城市发展均衡性与高质量发展要求不匹配、公共服务供给与人口分布不匹配、产业能级提升需要与产业空间承载能力不匹配三个不匹配问题，立足区域内部在发展阶段、现实条件和功能承载上的不同之处，抓准提升各区（市）县核心和特色功能的突破口和着力点，以重点片区建设开发破题，强化"重点片区＋项目集群"工作谋划，坚持"资源跟着项目走，项目围绕功能建"思维导向，策划项目集群支撑重点片区发展，做优中心城区"先行引领"，打造具备国际竞争力、影响力的核心功能集聚高地，做强城市新区"牵引带动"，打造城市高质量发展的发动机和全新增长极，突出县市新城"战略支撑"，打造支撑城市可持续健康发展的重要腹地，推动各区域"各自精彩"、整体提升，各展其长、竞相发展，实现城市整体和局部、功能和形态、当前和长远发展相结合。

为了突出公园城市示范区中的"示范区"内涵，成都围绕生态本底、产城融合、职住平衡、宜居宜业，首先建设了一批重点片区，形成"国际空港经济区""成都陆港区""熊猫国际旅游度假区""成都未来医学城""环城生态带"等20个加快建设类重点片区，以及"春熙路时尚商圈""安仁文博古镇"等4个优化提升类重点片区，夯实了城市核心功能的重要支撑。

2. 加强区域联动

一方面，推动经济区与行政区适度分离改革，聚焦多中心、组团式、网络化发展，鼓励各区（市）县协调联动功能相近的其他区域，探索跨区域联动发展的体制机制改革创新，让城市核心功能相互支撑，城市能级整体跃升。另一方面，紧扣当前各区域基础功能不完善、核心功能不突出、特色功能不鲜明等问题，以项目集群为纽带，既突出具体项目之间的有机联动，以引领性项目为牵引整合带动多个项目，又突出项目与核心功能、基本功能、特色功能项目的对应关系，科学策划支撑功能定位的项目图谱和项目清单，形成重点片区建设开发的现实支撑。此外，充分释放城市重大功能性平台的战略牵引和基础支撑

第二章 塑造公园城市优美形态 打造城市践行绿水青山就是金山银山理念的示范区

效应，研究各区域板块间协调联动的重点方向和具体路径，着力形成成本共担利益共享机制，持续激发协调联动、抱团共进的内生动力，打造形成一批功能组团。同时，为进一步缓解"大城市病"，告别以往"摊大饼"的发展模式，在制定发展规划时，聚焦城市功能体系与空间载体的对应关系，突出生态本底、产城融合、职住平衡、宜居宜业，促进产业、科技、人口等要素资源优化组合，推动了交通、居住、教育、医疗、文化等服务设施科学布局，调整了市域空间结构，重塑了城市发展格局。

当前，区域协同共建机制逐步完善，重点片区开发建设成形起势。清水河高新技术产业走廊、蓉南新兴产业带等重点片区以产业建圈强链为牵引，探索项目联动招引促建机制；天府国际生物城、成都未来科技城等重点片区成立管委会或专业运营公司统筹推进片区开发，共同做大"蛋糕"；成都国际陆港、天府动力源等重点片区强化片区功能协同配套协作，打破城市圈层式发展模式。成都天府国际生物城位列全国生物医药园区竞争力排行榜第三名，春熙路时尚商圈成为四川省唯一获批的商务部首批全国示范智慧商圈。

通过区域联动，城市的资源配置更加合理，要素市场化配置综合改革纵深推进，土地空间差异化利用、人口导入和人才引进、多层资金支持等机制日趋完善；人产城发展更加有序，综合交通体系统筹规划建设机制不断优化，统筹推进机场、铁路、公路等枢纽设施"无缝"衔接，形成人口集聚、产业发展与城市品质提升的良性互动；公共服务更加健全，推动公共服务资源与常住人口服务半径挂钩，推进基本公共服务标准化动态调整和市域统筹联动，精准服务、主动响应的公共服务供给机制逐步完善。在推进高质量发展、高品质生活、高效能治理探索中，通过不断探索转型发展突围之路，打造形成神形兼备的公园城市示范区，勾勒出标定时代发展高度、承载美好生活向往的未来之城。

公园城市

（二）兴隆湖多重价值的融合共生

2018年2月，习近平总书记视察天府新区时指出，"天府新区是'一带一路'建设和长江经济带发展的重要节点，一定要规划建设好，特别是要突出公园城市特点，把生态价值考虑进去，努力打造新的增长极，建设内陆开放经济高地"。位于成都天府新区的兴隆湖作为公园城市理念的发源地，理应成为公园城市示范区建设的试验场，努力带动更广阔的区域在生产、生活、生态方面持续优化。

兴隆湖（韩杰 摄影）

第二章 塑造公园城市优美形态 打造城市践行绿水青山就是金山银山理念的示范区

1. 夯实区域生态基底

从公园城市理念提出的那一刻起，人们就对"公园城市究竟是什么样的"充满好奇，很多人认为公园城市的"园"就是绿地花园。诚然，公园城市理应拥有多姿多彩的绿地花园，但它还应当是多样性、包容性、系统性的，在拥有绿地花园的同时还要有科学城、工业园、大学园、居住区、艺术馆、体育馆等工作生活场景。公园城市首先是一座"城"，城市就要传承工业文明，要具备便捷、高效、舒适、宜业、开放等特征。同时，作为公园城市它又应当像公园一样有美景、有温度、有人气、有活力、有魅力、有创意、有松弛感、有和谐的氛围、有生活的细节与美好……

古时的成都既是"扬一益二"的商业大都会，又是"成都海棠十万株，繁华盛丽天下无"的生态之城。而成都的美丽与兴旺都与水有着千丝万缕的关系，自都江堰建成之后，成都平原实现了"水旱从人，不知饥馑"，成为名扬天下的"天府之国"，可谓因水而生，因水而兴。古时的成都平原渠网纵横，水路通达，百姓临水而居，河岸酒肆林立，商贾来往穿梭于碧波之间。曾经的华阳古镇（今天府新区的一部分）就坐落在江畔，沿江留下广都城遗址、安公堤、苏码头、二江寺古桥等与水息息相关的历史印记，也留下了人们独属于河畔的生活记忆，如今的天府新区在古镇华阳的基础上继续书写着与水的缘分。

天府新区规划之初就遵循山水林田湖城生命共同体理念，充分尊重历史规律、自然规律、科技规律，强调协同流域空间、生态空间、多元价值、工作链条，充分考虑安全永续、生境网络以及城水共荣等需求，将城市建设有机融入大自然之中，从全域系统出发开展生态保护修复，在尽量保持原生态地形地貌的基础上进行修复、治理、提升，兴隆湖便是充分利用低洼地形的特点，壅水成湖，成为"虽由人作，宛自天开"的瑰宝。

兴隆湖在鹿溪河上筑坝而成，水域面积约4500亩，湖区面积约6500亩，

公园城市

东西长约 2600 米，南北长约 1300 米，库容约 670 万立方米，是成都中心城区水域面积最大的湖泊，总体Ⅲ类水、局部Ⅱ类水，良好的生态环境为宜居宜业宜商打牢了生态基底。兴隆湖区域按照"整个城市就是一个大公园"理念，通过溶解城园边界、开放共享空间、绿色交通营建等举措实现由"社区中建公园"到"公园中建社区"。湖区在筑坝蓄水、河湖分离后，顺应地形进行湖体设计，提升水质，并沿着湖岸约 12 千米建设滨水岸线，湖西侧驳岸建设亲水驳岸，结合滨湖广场设计活力亲水平台，湖东侧、北侧、南侧部分区域设计为自然草坡驳岸。这些区域地形平坦，利于布置游人戏水、亲水娱乐区域。湖沿线设计多座桥梁，线形优美，桥体醒目，贴近水面，游览性极佳。环湖除了绿地、绿岛、廊道等景观设施，还布局了大量体育锻炼、休闲娱乐设施，通过独立绿道体系无缝衔接生产、生活、生态空间，串联起缤纷水岸，形成了城园融合布局，其中独角兽岛、路演中心、儿童艺术中心、湖畔书店、硬地咖啡馆、砾石滩、兴隆长滩、滨湖篮球场、极限运动场等特色场景被人们津津乐道，为人气聚集和产业吸附打下了坚实基础。

2. 让生态为生产生活赋能

良好的生态本底，舒适、幽雅的水陆城市景观吸引了大量高新技术企业与人才入驻，大大提升了城市文化品位和形象，改善了城市生态环境、居民的生活条件和城市的投资环境，同时通过建设"实验室"、布局"大装置"，集聚"国家队"、拓展"高校圈"，打造"人才港"、发展"新经济"等举措，吸引人才和产业，带动了周边相关产业的迅速聚集，形成了包括创新中心、新经济产业园、金融谷等重要产业办公集群，湖周边环绕的西部（成都）科学城、成渝综合性科学中心、天府兴隆湖实验室等高新技术产业园已成为重要科创产业引擎。

事实上，兴隆湖功能早已经不仅仅局限于景观、娱乐，还引领了生产、生活方式，发挥了水城一体的经济社会功能，体现了水泽万物的天府之国精髓。在这里工作了大半天的人们，可以利用中午休息时间沿湖边散步观景；研发思路遭遇瓶颈的科学家，可以在湖边徐徐吹来的晚风中激发灵感；那些热爱运动的上班族，每周可以抽出两天下班时间环湖跑上一次"迷你马拉松"；周末时分若赶上暖烘烘的太阳，一家人还可以在湖边搭个帐篷，享受"面朝湖面，春暖花开"的惬意生活。在这里，不仅有繁忙的工作，还有舒适的生活、暖心的朋友，以及充满希望的未来……

而今，兴隆湖既是产业发展高地，又是市民诗意栖居和休闲健身的乐园，更是人与自然和谐共生的中国式现代化建设的缩影，成为成都一张亮丽的城市名片，透过兴隆湖边的生产、生活、生态景象可以跨越时空一点点铺展开未来公园城市的美好生活画卷。

二、"蓝绿交织"的公园体系

生态环境是人类生存和发展的根基，生态兴则文明兴，生态衰则文明衰。如何实现人与自然和谐共生，是人类文明发展的基本问题，也是中国现代化进程中的一道必答题。

"绿满蓉城、水润天府"是人们心中关于"现代化成都"应有的图景，建立万园相连、布局均衡、功能完善、全龄友好的全域公园体系是成都一直的追求。城市公园系统通常指公园（包括公园以外的开放绿地）和公园路所组成的系统。通过将公园绿地、公园路系统相连，引导城市良性开发，增强城市舒适性，达到保护城市生态系统的目的。世界许多著名城市都建立了自身独特的公园体系，例如波士顿公园体系就是以河流等因子所限定的自然空间为定界依据，利用61—457米宽的绿地将数个公园连成一体，在波士顿中心地区形成了景观优美的公园。

自从建设"公园城市"以来，成都一直以"一个城市的预期就是整个城市都是一个大公园，老百姓走出来就像在自己家里的花园一样"的公园城市愿景为目标，通过全面实施"五绿润城"示范工程，加快建设龙泉山城市森林公园、大熊猫国家公园、天府绿道、环城生态区、锦江公园，打造了塑造大美形态的"绿心""绿肺""绿脉""绿环""绿轴"，促进了生态空间与城市空间相融共生，全市森林覆盖率、建成区绿化覆盖率都有所提升。通过实施"百个公园"示范工程，巧借林盘、田园、湿地、森林等自然生态景观，有机融入川西民居、特色古镇、传统农耕等多元要素，融合天府绿道等公服设施，有机整合生态、产业、文化等资源，形成了"一园一主题、一园一特色"的百个公园体系。通过利用城市剩余空间持续加大公园小区、社区花园、公共绿地的建设力度，积极推进"两拆一增"，打造城市"金边银角"，让市民沉浸式感受绿色之美。

成都坚持以"青山绿道蓝网"为生态骨架，依托山水交融的千年遗泽。以青山为基础，划定发展界线，区隔城市组团，布局观山廊道，再现草树云山、千年瑞雪的旷世美景；以绿道为轴线，连通林盘院落，串联城乡社区，连接大地景观，加强场景营造和生态价值转化，让城市之美宜游宜憩、可感可及；以江河为脉，沟通水系沟渠，改善河湖水质，提升滨水空间，编织出三江润城、千渠入园的城市蓝网，勾勒出翠湖环绕、蓝绿交融的灵秀画卷，最终构建起了青山绿道蓝网相呼应的公园城市空间形态。全域布局大尺度生态廊道和高品质绿色空间体系，塑造了成都推窗见田、开门见绿的城市界面，积极探索城园相融、蓝绿相交的城市格局之美。在成都隔三岔五邀上三五好友到家门口的公园中感受浮生半日闲，闻花香馥郁、听流水潺潺已经不是一种梦想，在"蓝绿交织"的公园环境中品茗小酌、谈天说地已经成为成都人幸福生活的"标配"。

（一）环城生态区的华丽蝶变

成都致力于建设一个宜居、便捷、参与性强且受人喜爱的城市，其关键在于持续推动生态福利项目。成都着眼构建城园相融的空间格局，以"五绿润城""百花美城""千园融城"三大行动为抓手，厚植绿色生态本底、塑造公园城市优美形态，促进城市风貌与公园形态交织相融，营造"碧染山林芳草秀，绿色宛转染清流"的诗意生活。

公园城市

1. 成都中心城区的生态项链

环城绿道，已成为成都居民健康向上的一张新名片。在如今的公园城市，如果将视角提升、远离地面，你会发现遍布全市的公园间，绵延的绿道如同彩色绸带交织在一起。这些绿道促进了公共设施的建设，连接了文化、教育、医疗和体育等城乡服务点，加速构建"15分钟基本公共服务圈"，让绿色空间深入到每个家庭门口，同时也丰富了周边居民的服务选择。有人说，近两年成都人对骑行的热爱直逼采耳和喝茶。这当然，没有毫无由来的走红。

今天的成都环城生态区，公园、绿道、湖泊、农田错落有致，都市农业、科普、研学、娱乐、体育等农商文旅体项目应有尽有，既像一条镶嵌在成都平原上的生态项链，又像是一幅展现成都生活美学的人文地图，而这一跨经12个区、跨越78座桥梁、串联121个特色公园，位于成都市中心城区绕城高速两侧

青龙湖成安渝桥（韩杰 摄影）

各500米范围及周边七大楔形地块的黄金地带并不是天然形成的。

过去很长一段时间，成都延续着"单中心"与"环状加放射状路网"的连片发展方式。随着经济社会发展，成都为防止城市的粘连扩张和无序发展，先是以城乡统筹为抓手，在1996版城市总体规划中提出将中心城区由密集圈层式转变为疏密结合的扇叶式，在2003版城市总体规划中又提出中心城区建设用地之外划定198平方千米郊区农村用地（环城生态区的初始形态），把扇叶状绿色地带变为城市生态隔离区，形成"城在绿中"的生态格局。新时代以来，颁布《成都市环城生态区保护条例》，将维护"绿线"规划权威纳入法治化轨道，批复《成都市环城生态区总体规划》，构建以"六湖八湿地"为核心的生态湖泊水系，以立法保障规划实施，厚植了城市生态本底。

2. 公园城市示范区的亮丽名片

随着公园城市示范区建设目标的提出，成都深入践行公园城市营城理念，顺应城市转型发展的新趋势以及人民对幸福美好生活的新期待，修编了环城生态区总体规划及相关专项规划，通过实施土地综合整治和生态修复，对环城生态区的整体功能进一步优化提升，环城生态区建设从生态隔离逐步转向为生态公园，城市实现了从"背园发展"到"拥园发展"，依托城绿相融的空间格局，适度兼容公共文化体育设施，将公园的多维价值向周边区域辐射，探索形成超大城市近郊高标准农田建设典范区、城乡融合发展示范区、生态价值转化试验区。

在挖掘"生态价值"内涵的同时，环城生态区始终把"生态"与"农业"摆在优先位置。例如，位于环城生态区东段的青龙湖，为了给野生动物、植物提供相对独立的生态空间，打造之时就保留了大量生态林地和自然水域。此外，为了守住耕地红线，落实耕地"非农化""非粮化"，成都充分利用环城生态区内约10万亩良田开展土地综合整治，充分利用场地地势因地制宜新建，利用

公园城市

一二级绿道、村道,形成完整的农耕及游线系统,打造高标准农田。部分区域邀请有志做都市农夫的市民种植农作物,建立起现代农业、都市农业、景观农业,区域内的农田路网兼顾农业生产和都市观赏功能,为农业生产全过程提供有力保障。如今"你认养农田了吗""你吃到公园里的菜了吗"已经成为时尚成都人打招呼的一种方式,豌豆、玉米、圆白菜等公园里的农产品已经悄然端上老百姓的餐桌。

除了绿意盎然、花团锦簇的公园美景,生态有机、新鲜多样的粮油蔬果,环城生态区里的悠闲生活、时尚元素、科技狠活也成了公园城市的一张亮丽名片。紧扣"景区化、景观化、可进入、可参与"的总体要求,环城生态区构建功能叠加的高品质生活场景和新经济消费场景,生动诠释了新时代人与自然和谐共生的价值追求。例如,青龙湖二期通过物联网、大数据、人工智能等技术建成全长 3.3 千米的环湖智慧跑道,让市民在实时了解自己的运动数据的同时,还能在智慧杂货铺和淋浴房中满足运动后饮食补给与洗漱等生活需求,实实在在地为民做"暖心事"。环城生态公园西部的百仁城市文化公园打造的集农事研学、亲子游乐、创新商业、康体运动等功能于一体的都市休闲特色园,满足了周边社区居民及城市休闲客群需求。南部的锦城湖已成为城市南边的明珠,泛舟湖上,散步湖边,立于桥头,都能真真切切地感受到都市生活里的生态气息,玩儿累了到旁边的桂溪生态公园还能吃上新式川菜和意大利餐。在成都环城生态公园内行走,一路上林木成荫、鸟语花香,时而世外桃源,时而高楼林立,过去在中心城区抬眼鲜见青山、低头难见绿水、举头少见星空的局促环境大为改观,公园和绿道已然融入人们的生活,凡此种种,都增添了市民的生活乐趣。可以说:在成都,城中有山水,足以慰乡愁。一位骑行发烧友说道:"天府绿道龙泉驿段很不错,从天鹅湖到玉石湿地再到青龙湖,风景优美、大小绿道很多,可以有多种选择。""桃都大道、蜀都大道东一段与大运直联通道可以形成一个环,相当于绕着大公园骑了一圈。"从喜气洋洋的向日葵花海,到长势喜人的大豆、玉米，从东安湖公园里的欢声笑语，到欢乐田园里如织的游人，行进在不同的时段、不同的线路，就会发现公园城市的不同面，每一面都不同，每一面都令人欣喜。

（二）汤汤锦水的千年跨越

公园城市是新时代可持续发展城市建设的新模式，水润天府是成都平原2000多年灿烂辉煌文明的底色。水作为公园城市最核心的生态要素，关系到城市生态品质、空间品质、价值呈现与市民对美好生活的向往，是公园城市建设中至关重要的环节。成都的母亲河锦江，属长江上游岷江水系，以往存在水环境容量与城市高速发展失衡的问题。近年来，成都抓住锦江水生态治理这一"牛鼻子"，锦江水生态质量不断提升，让"濯锦江边两岸花，春风吹浪正淘沙"的惬意蜀中再次回到市民身边，这也是长江上游水生态治理的缩影。

1. 濯锦江水流淌千年

历史上四川虽属山国，而成都实为泽国，百年前的成都江河湖桥密布，水乡风光浓郁。尤其是"纵贯三百里、润泽四千年"的锦江[①]，作为成都的母亲河，最能展现水润天府之美，可谓府南河上白帆起，万里桥头酒旗飞，百花潭边百花簇，望江楼下锦江回，纤夫号子耳边唱，浣衣娘子笑颜堆……

古代四川盆地陆路交通闭塞，古蜀道盘桓于崇山峻岭间，李白笔下的四川盆地是"尔来四万八千岁，不与秦塞通人烟""蜀道之难，难于上青天"之地。因此，水运在四川交通体系中曾一度占据了重要地位。成都自战国末年就是重

[①] 锦江是成都的母亲河，包括锦江府河段和锦江南河段，人们经常将之合称为"府南河"。

公园城市

要的港口城市，古时，商人依托水路往返于成都、江陵，把蜀锦、蜀麻等贩卖到荆州，再转运至江南，又把吴盐、海货等贩运入川。根据记载，唐贞元年间，万里桥一带货运繁忙，商贾云集，各色酒家鳞次栉比，所以才有了"门泊东吴万里船"的千古佳句。锦江也是都江堰水利工程的重要组成部分，流域干流长度约150千米，流域面积约2009平方千米，肩负着灌溉和航运两大功能，至今灌区已达30余县市、面积近千万亩，都江堰水利工程也是全世界迄今为止，唯一留存、年代最久、仍在一直使用的以无坝引水为特征的水利工程。

  锦江不仅是交通要道和灌溉防洪的重要水系，还是蜀中之人游乐、赏玩、思考人生的胜地。沿着锦江顺流而下，可以独品"取水都江堰，问道青城山"的飘逸超然，感叹"锦江春色来天地，玉垒浮云变古今"的世事变幻，感受"合江亭前送我来，合江县里别我去"的离愁别绪，尽览"望江楼，望江流，望江楼上望江流，江流千古，江楼千古"的亘古之景，所以才有刘禹锡的诗句——"灌锦江边两岸花，春风吹浪正淘沙。女郎剪下鸳鸯锦，将向中流匹晚霞。"直到20世纪50年代末，锦江上仍是舟楫往来。从小生活在锦江边上的老人回忆说："那时候河水清得很，我们吃水都直接挑，河边的茶馆还特意打出'河水香茶'的招牌吸引客人。"

2. 大力推动锦江水生态治理

  随着工业化进程的推进，人口增长、用水量急剧增加让河流不堪重负，锦江也面临着水污染严峻的考验。老一辈成都人以打油诗的方式打趣道，"50年代淘米洗菜，60年代水质变坏，70年代鱼虾绝代，80年代洗马桶盖"，锦江变为藏污纳垢的"总排污沟"，被戏称为"腐烂河"。

  为了让锦江重现往日光彩，20世纪90年代成都开启的轰轰烈烈的"府南河综合整治工程"，大大提升了锦江水质及周边环境。后来乘着公园城市建设的东风，成都又相继颁布"治水十条"，专门针对锦江水生态治理，出台了《锦江水生态治理总体规划》《锦江水生态治理工作方案》等政策文件，持续推动截污、清淤、补水共同发力，采取整治堤防、修复生态、提升景观、植入业态、长效管理等措施，持续推进流域生态环境治理，按照"治水、筑景、添绿、畅行、成势"的实施路径和"一年治污、两年筑景、三年成势"的时序要求，倒排工期、清单管理、统筹推进，结合公园城市建设目标，锦江干流与重点支流实现无污水下河目标，优良水体率由 2016 年的 69% 提升至 100%，流域内所有国、省考断面水质全部达到地表水 III 类以上，实现了特大城市河道水质从劣 V 类到 III 类的重大突破，得到习近平总书记多次点赞。

从 20 世纪 90 年代的"府南河综合整治工程"到新时代"成都治水十条"出台，再到锦江水生态治理和锦江绿道建设，成都重拳治水的步伐从未停止。而今，随着锦江绿道全面贯通，锦江环境景观全面提升，锦江沿线功能业态全面升级，串联起市民的美好生活、承载起业态丰富的蓬勃图景。市民也在实实在在的改变中感受到了生态惠民，有人感慨："现在水质很好，臭味没了，白鹭来了，周末和家人一起'巡河'，就像逛景区一样。"

公园城市

三、孜孜以求的保护修复

生态环境是人类生存和发展的根基，生态兴则文明兴，生态衰则文明衰。如何实现人与自然和谐共生，是人类文明发展的基本问题，也是中国式现代化进程中的一道必答题。自然生态系统是城市的生态本底，是城市发展的物质基础，是一切的起点。2023年7月，习近平总书记来川视察时明确提出要"在筑牢长江黄河上游生态屏障上持续发力"。"天地与我并生，而万物与我为一"的和谐境界理应成为成都公园城市建设的价值追求。成都地处青藏高原边缘山地与四川盆地的接合部，生态资源丰富，是长江上游生态屏障的重要组成部分，在国家生态安全战略格局中具有重要位置。

成都被龙门山、龙泉山"两山环抱"，沱江、岷江水系"两江环绕"，川西林盘星罗棋布，生态及农业空间约占市域面积的78%，整体生态本底表现为三分之一平原、三分之一丘陵、三分之一高山的独特地貌类型，巨大的海拔高差造就了多样的自然生态环境，孕育了丰富的生物多样性，市域内生物多样性重点保护区域达到4873.17平方千米，占成都总面积的33.99%，集中分布在龙门山脉、龙泉山脉，因此"两山""两水"的保护修复显得尤为重要。

成都坚持山水林田湖草沙一体化保护和系统治理，注重构建重要生态屏障、生态廊道和生态网络均衡布局绿色空间，形成连续、完整、系统的生态保护格局，促进生物多样性保护，聚焦"两山""两水"覆盖区域，因地因时制宜，采

第二章　塑造公园城市优美形态　打造城市践行绿水青山就是金山银山理念的示范区

取自然恢复和人工修复两种手段，分区分类施策，寻求生态保护修复的最佳方案。保持常态化外部压力，依靠最严格制度与最严密法治保护生态环境，同时要激发各方共同保护生态环境的内生动力，以优良的环境、宜居的品质，提升城市的竞争力，提供创新的动力源，实现生态环境保护修复和经济高质量发展双赢的新局面。通过高水平保护修复环境，成都构建绿色低碳循环经济体系，不断激发新动能，形成新优势，有效降低发展的环境资源代价，增强发展的潜力和后劲。

（一）"城市绿心"的闪耀脉动：体味"采桃青山上，垂钓绿水旁"的恣意欢畅

假期抽出一天约上家人朋友，穿行密林、溯溪而上、攀过峭壁，享受"氧"人的"森"呼吸，去探寻龙泉山森林公园的生趣，体味繁忙都市生活之外的城市之美，已经成为相当一部分成都人的常态化生活。其实在20世纪50年代以前，龙泉山植被茂密，山清水秀，后来由于森林砍伐和人口增长造成生态环境破坏，动植物种类和数量急剧减少；加之龙泉山林农交错、土层瘠薄、近水缺水、林相单一，造林营林困难重重。今天这美好的一切都得益于成都以"千年立城"的静气和"留白增绿"的定力，开创性启动成都龙泉山城市森林公园保护建设，打造出"世界级城市绿心、国际化城市会客厅、市民游客喜爱的生态乐园"。

1. 启动建设龙泉山城市森林公园

现在的龙泉山城市森林公园主要指成都平原东缘龙泉山脉成都段，包括了以龙泉山为主体，以三岔湖、龙泉湖、翠屏湖等为代表的龙泉山山体的生态区域，总面积约1275平方千米。在推进公园城市建设过程中，作为"两山环抱"

公园城市

龙泉山城市森林公园脚下的三岔湖（韩杰 摄影）

其中一山，龙泉山的保护修复与生态打造显得十分重要。龙泉山紧靠天府新区与空港新城，距成都双流国际机场25千米、天府国际机场15千米，距高铁成都东站15千米，具有优越的区位优势和便利的交通优势，又是成都平原向盆中丘陵过渡的分界线，地貌以丘陵为主，低山为辅，海拔最高处1051米，山体的高度和形态尺度宜人、丰富多变，公园内有三岔湖、龙泉湖等水域风光，有洛带古镇、五凤溪古镇、云顶石城、北周文王碑、古驿道等人文历史建筑与设施，还有丹景台、桃花故里等景点，是开展森林游憩和游览观光的有利条件。

作为"世界级城市绿心"，龙泉山城市森林公园必须具备"生态绿洲、城市绿肺"的功能。为此，成都在四川省大规模绿化全川指引下，出台各类保护条例、实施意见，逐一攻破生态用水缺乏、林相结构单一、植绿空间不足等难题，

第二章　塑造公园城市优美形态　打造城市践行绿水青山就是金山银山理念的示范区

将"生态洼地"变为"城市绿心"，推动生态环境质量根本好转。坚持规划引领、顶层谋划，在摸清土壤、水、植被等基础数据上，开展龙泉山全域多要素地质调查、历史气象数据分析，编制形成各类保护修复导则。推动"生态上山、人房下山"有效腾挪生态建设空间。科学选择绿化树种，按照造林树种的生物学和生态学特性，优选植物，指导构建异龄复层近自然的地带性森林。以优化森林结构与空间布局为重点，形成生态林、景观林、产业林"三林"共兴的森林生态格局，将"传统造林"变为"科学绿化"。

2. 生态公园变生态乐园

作为"国际化城市会客厅、市民游客喜爱的生态乐园"，龙泉山城市森林公园应当提供绿色生活，生态公园成为生态乐园。成都创新开展"包山头"义务植树履责活动，调动全社会各方面积极参与植树造林，组织四川省、成都市、相关区县机关、高校、企业、金融机构和社会民众植树履责，通过推行包栽、包活、包管，定任务、定标准、定责任，统一规划、统一组织、统一验收管理模式，破解"在哪履责""谁来履责""如何履责"难题。建成国家"互联网＋义务植树"基地信息系统，制定《成都市公民义务植树积分奖励实施办法》，与市民一道共保共建共享共荣龙泉山城市森林公园，将"单打独斗"变为"广泛参与"。此外，遵循政府主导、市场主体、商业化逻辑，用公园城市理念和核心景区美学设计创新森林生态价值，以"园在林中、林在其中"的思路，建成"城市之眼"丹景台等生态研学、科普教育、自然体验场景。依托龙泉山良好的生态条件，举办山地越野跑、自行车赛等体育赛事活动，打造"天府龙泉山"赛事活动品牌。构建"碳汇天府机制"造林管护碳减排方法学，开发龙泉山林业碳汇项目，建成四川省首个"会议碳中和林"，创造性推动生态产品价值实现，达到了修复生态、融合产业、服务都市、富裕农民的目的。

龙泉山城市森林公园的亮点很多，除了早已令人称道的"丹景台看日出""三岔湖垂钓""桃花故里摘果子"等热门项目外，还有在秋意渐浓、山川烂漫之际，在"萤火森林"的高空栈道携爱人之手说一句"我爱你"已成为年轻人沉浸式浪漫的新玩法。这里由多处主要景观节点结合光彩、照明等多重效果，同步色彩植入、主题营造等手法，赋予不同空间各异的主题色彩，打造出从序章到终章，长达2.95千米的爱情主题游览线。栈道不仅浪漫，还很绿色，采用180块太阳能板打造，每年收集约1825度电，一天内所能收集到的能量可供应自身电能基本消耗。

龙泉山城市森林公园将生态保护修复放在首位，坚持以山水林田湖草系统治理理念推进增绿增景，森林质量精准提升，森林覆盖率稳步上升。几年前还是一片乡野景象的龙泉山脉、丹景山山脊，如今，伫立极目远眺，美丽的三岔湖和更远处的天府国际机场尽收眼底，公园城市形态更加优美。

（二）"顶级萌宠"的幸福家园：感知"未共恐龙灭，非关造化功"的锲而不舍

在地球上生存了至少800万年的"竹林隐士"大熊猫被誉为"活化石"，是中国的特有物种，主要栖息在中国四川、陕西和甘肃的山区，它既是世界自然基金会的形象大使，也是世界生物多样性保护的旗舰物种。头圆尾短、憨态可掬、整天顶着"黑眼圈"四处游走的国宝大熊猫魅力无人可挡，它不仅是成都的"顶流"明星，也是全世界的"网红"。过去，因为地壳运动、环境变化、人类活动等因素，大熊猫栖息地遭到了破坏，数量逐渐减少，濒临灭绝。然而在长期严酷的生存竞争和自然选择中，大熊猫能够"跑赢"同时代的很多动物，作为强者活下来成为中国国宝，这不仅是自然选择的结果，也依赖于人们尽心竭力的保护，这才造就了"未共恐龙灭，非关造化功"的奇迹。

第二章　塑造公园城市优美形态　打造城市践行绿水青山就是金山银山理念的示范区

1. 建设大熊猫国家公园成都片区

大熊猫国家公园成都片区位于成都平原西北部，包含都江堰市、彭州市、崇州市、大邑县4个县（市），面积约1459.48平方千米，约占大熊猫国家公园总面积的5.4%。全国第四次大熊猫调查显示，片区内有野生大熊猫73只。有包括珙桐、独叶草、红豆杉等国家Ⅰ级重点保护野生植物在内的高等植物2000多种；有包括大熊猫、川金丝猴、雪豹、羚牛、绿尾虹雉等国家Ⅰ级重点保护野生动物在内的脊椎动物300多种。

大熊猫（韩杰 摄影）

公园城市

保护大熊猫，最重要的是保护其所在的栖息地。成都作为大熊猫的故乡，在保护大熊猫旗舰物种上久久为功，聚焦生态保护第一、国家代表性、全民公益性的国家公园理念，自 2021 年 10 月起高质量建设大熊猫国家公园成都片区，积极在健全体制机制、夯实生态本底等方面出亮点、寻突破，大熊猫栖息地不断得到修复。在连绵的群山、茂密的森林中，野生大熊猫有了更广阔的生活空间。

近年来，成都科学完善片区内本底资源调查、巡护、监测，积极探索生态产品价值实现机制，创新生态保护补偿机制，持续提升城市生物多样性魅力，推动城市绿色发展。一方面，坚持"制度化建设"与"理论性研究"共进，完善建设规划、巡护规划、监测方案等顶层设计，明晰生态保护实施路径；出台保护站标准化建设技术方案，启动标准化建设；开展全域勘界定标工作，在区域边界设置界碑、界桩，完善要素支撑；构建"管理分局—管护总站—管护站"三级管理体系；创新延长管理触角，探索开展"国家公园＋县（市）林长＋生态司法"跨区域跨界协作，成立全国首个跨区域林长制法官工作站，不断探索构建统一规范的高效模式。此外，实施大熊猫国家公园科研攻关计划，加强与国内外一流高校、科研院所深度合作，搭建科研合作平台，在公园规划设计、生态保护、科研监测等方面开展重点课题攻关。另一方面，坚持"严格生态保护"与"全面生态修复"齐抓，着力维护生态系统安全稳定；开展本底资源调查，持续摸清片区内生物多样性本底；推进"智慧国家公园"建设，逐步完善"天空地人"一体化智慧监测体系；采用低干扰修复模式，稳步推进地震受损点位恢复自然生境；建立生态环境问题台账，全面开展"回头看"，同时开展联合执法专项行动，拆除围捕电网、捕猎兽套等违法设施。

此外，为了开展"人退猫进"工作，让公园里的大熊猫和公园里的人都得到美好的生活，成都推动矿业权、小水电分类退出，并在国家公园入口附近建设入口社区，让长期在园区附近生产生活的本地居民有了统一的聚居区域；建

第二章　塑造公园城市优美形态　打造城市践行绿水青山就是金山银山理念的示范区

立了"联合大熊猫栖息地保护小区""高原大熊猫栖息地保护小区"等，专门设置了保护小区办公室，每个社区成立大熊猫栖息地保护巡护队，定期进行巡护工作。现在，林多了，水清了，环境好了，居民与大熊猫在国家公园都找到了自己的生活方式，生态美了，产业兴了，百姓也富了。

成都彭州大熊猫国家公园入口社区（韩杰　摄影）

2. 推进保护与发展并进

依托"适度布局生态产业"与"强化科普教育宣传"并举的方式，积极探索全民参与、共建共享、绿色生态的发展之路。成立由属地镇政府主导、管护总站参与、村（社区）"两委"牵头、村民为主体、公益组织协作、学研企赋能的"六位一体"共建共管委员会，[①] 与村（社区）签订"集体资源管护协议"，

---

① 雷倢：《栖息地变大　大熊猫的家更宜居》，《四川日报》2022年10月14日。

定向聘请当地居民参与日常宣传、公益服务、巡逻、保护等工作，让周边社区居民从"旁观者"成为"参与者""保护者"；建立人兽冲突预警体系和野生动物损害补偿机制，探索购买野生动物肇事补偿保险，让野生动物"肇事"有了"兜底"保障；把生态保护、乡村振兴与地方经济发展有机结合，加快推进西岭雪山小镇、熊猫生态谷等重大生态文旅项目，引进公益基金实施"熊猫森林""熊猫蔬食"公益计划，丰富"大熊猫+"生活消费场景，在"保熊猫"的同时"保民生"，从过去的"卖资源"变成"卖文化"；制定生态产业区域公用品牌构建方案，青城道茶、"川熊猫"竹笋等原生态产品获得大熊猫国家公园（四川）原生态产品特许经营授权，让区域内农副产品搭上"品牌发展"快车；首创"慢直播"国家公园秘境共享平台，开发"探秘国宝之境""追寻生命之源""聆听森林之歌""体验巡护之路"四大线上直播主题品牌，创办"森林萌主""熊猫课堂"等自然教育品牌，线上线下同步开展自然教育活动，进一步增强公众的自然保护认同感和参与保护的自觉性。

四、久久为功的污染防治

作为一个有"公园情结"的城市，成都人最爱在晴天里找一个可以晒太阳的公园，泡一碗盖碗茶，享受安逸的时光。"一出太阳草地上就长满了成都人"是成都市民热爱阳光、热爱公园、热爱生活的真实写照。成都人的乐观不是一天养成的，美丽的蓉城也不是一天建成的。从历史的深处走来，在工业化浪潮中拔节而起的成都，城市建成区面积不断扩大、常住人口不断增长，自然成长的烦恼也伴随而来，特别是污染一度成为困扰着这座超大城市发展的一块"心病"，一天天空气不够清新、一条条沟渠水质堪忧、一座座林盘衰落消逝……都是悬在成都这座超大城市头上的达摩克利斯之剑，一度让天府之国的生态宜居本底打了折扣。

人民城市人民建，人民城市为人民。人民幸福生活需要什么，党委政府就应当朝着这个方向不懈努力。成都站稳人民立场，坚持对历史和人类负责的态度，用发展的眼光解决生态环境突出问题，以公园城市示范区建设为统揽，推动发展方式绿色低碳转型，全面打响大气、水、土壤污染防治"三大战役"，纵深推进"十二大攻坚战"，在绿色低碳重点产业发展、清洁能源替代、移动源污染治理、重污染天气消除、臭氧污染防治、长江上游重点流域保护修复、黑臭水体治理、农业农村污染治理、土壤污染防治、噪声污染治理、餐饮油烟治理和环境基础设施补短板十二个方面重点突破，强化精准、科学、依法治污，生态环境治理持续改善，不断提升生态系统多样性、稳定性、持续性，稳妥推进碳达峰碳中和，天蓝、水清、土净、无废的生态环境逐步形成，入选联合国人居署"国际可持续发展试点城市"，获得首届全球"生物多样性魅力城市"奖项，入选全球"自然城市平台"，获批创建国家生态文明建设示范市，已有15个区（市）县成功获评国家生态文明建设示范区，多次位居"中国最具幸福感城市"榜首，今天的成都市民能够享受更多的蓝天白云、青水绿岸、鸟语花香。

（一）"移动源污染"治理吹响污染防治攻坚号角

1. 聚焦打好污染防治攻坚战

2023年7月，习近平总书记在全国生态环境大会上明确指出："要持续深入打好污染防治攻坚战，坚持精准治污、科学治污、依法治污，保持力度、延伸深度、拓展广度，深入推进蓝天、碧水、净土三大保卫战，持续改善生态环境质量。"成都牢固树立"绿水青山就是金山银山"的理念，坚定不移走生态优先、绿色发展之路，先后成立"三大战役"领导小组，持续深入打好锦城蓝天、蓉城碧水、天府净土等攻坚战。

2022年12月，成都市委、市政府专门出台《关于深入打好污染防治攻坚战的实施意见》，明确了全市深入打好污染防治攻坚战的总体要求、主要目标和重点任务，旨在以更高标准打好蓝天、碧水、净土保卫战，以高水平保护推动高质量发展、创造高品质生活。该实施意见提出了包括绿色低碳重点产业发展、清洁能源替代、移动源污染治理、重污染天气消除、臭氧污染防治、长江上游重点流域保护修复、黑臭水体治理、农业农村污染治理、土壤污染防治、噪声污染治理、餐饮油烟治理和环境基础设施补短板十二大攻坚战，并加快出台配套行动方案，构建起污染防治的"1+12"政策体系。特别是2023年，成都高标准召开全市生态环境保护大会，提级将污染防治"三大战役"领导小组职能并入生态环境保护委员会，修订《成都市大气污染防治条例》和重污染天气应急预案，持续筑牢大气污染防治的基础支撑。一系列措施，让成都市空气质量改善成效走在全省前列，空气质量综合指数同比改善率2.2%。数据显示，全市已基本消除重污染天气，市控以上断面优良水体率达100%，真正建立起了"天蓝、水清、土净"的美丽蓉城，在生态文明建设和生态环境保护道路上书写"雪山下的公园城市，烟火里的幸福成都"绿色发展新篇章。

2. 加强移动污染源治理

污染防治攻坚战要"打"，更要精准地"打"，对于成都而言推进重污染天气消除、臭氧污染防治、移动源污染治理三大标志性战役目前最为急迫。截至2023年9月底，成都汽车保有量已正式超越北京，成为全国第一。最新大气污染源解析结果显示，移动源（含机动车、非道路移动机械等）NO_x（氮氧化物）排放量占全市相应污染物排放总量的87%，以机动车为代表的移动源污染已成为全市空气污染的重要来源之一，因此做好移动源污染治理对于成都打好整体污染防治攻坚战至关重要。

成都瞄准重点，按照"车、油、路、企"的统筹治理思路，遵循"循序渐进、疏堵结合、综合施策、突出重点、协同推进"的治理原则，全面推进大气污染防治"大排查、大治理、大督查"。积极推进交通结构调整，推动形成"轨道＋公交＋慢行"绿色低碳交通出行体系，推进非核心功能疏解，引导货运车辆向外部转移，以公共领域和公务用车为重点推进新能源化，并通过经济激励、限行管控、执法监管等方式多措并举推进老旧车辆淘汰。开展车辆清洁化行动，强化货车智慧监管，加强对渣土车、混凝土车、危险品运输车、邮政车等重型车辆的管控，强化汽车检验与维护监管，推动打造机动车检验机构示范站，依法打击机动车未按规定定期检验的违法行为。开展强化机械联合监管，消除工程机械冒黑烟现象，推进机械新能源化，促进机械结构优化，推进淘汰国一级以下排放标准的工程机械等非道路移动源综合治理。强化油气回收监管，依法打击未按规定使用油气回收系统的违法行为，创新加油站管理机制，持续创建"绿色标杆加油站"并实行动态更新。推进重点行业企业运输清洁化，强化重点用车企业监管，强化重污染天气应急管控，加大对用车"大户"的监管力度。强化柴油车联合惩戒，依法打击排放超标车辆上路行驶的违法行为，加强新车（机械）源头监管，依法查处销售排放不达标新车（机械）的违法行为，推进区域联防联控，规范机动车检验机构排放检验行为。

根据成都市2024年政府工作报告，成都新能源车保有量已达到63.3万辆，与汽车比例占比增至8.9%；以家具、建材等5个行业为重点，建设24个近零碳园区、社区等试点项目；通过强化精细管控和精准治理，空气质量稳步提升，空气质量综合指数在全国168个重点城市排名提升17位至第92位，$PM_{2.5}$浓度下降至39微克/立方米，特别是机动车NO_x排放量较2018年下降11.1个百分点，移动源污染防治的"成都模式"逐步形成。

（二）"数智环境"力透"现代范儿"

成都地形地貌决定了气象扩散条件差，加之管理人口多、机动车保有量高，环境问题异常复杂，必须用现代化的手段提升污染防治、环境保护效率和精度，向科技要战斗力。成都依托"智慧蓉城"建好"智慧生态环境"系统，加强生态环境指挥调度中心建设，不断完善多要素智慧感知端、精准协同指挥端和高效运转处理端，丰富拓展各类应用场景，全省率先实现乡镇监测站全覆盖并网，配合卫星遥感、走航观测、积尘监测、无人机等科技手段，提高精准溯源精准处置能力。

第二章 塑造公园城市优美形态 打造城市践行绿水青山就是金山银山理念的示范区

1. 坚持科技赋能、智慧治理

近年来成都坚持问题导向和应用导向，按照"全面设点、全市联网、自动预警、依法追责"的要求，以数据平台、数据流、管理链为重点，大力建好"智慧生态环境"系统，一个四通八达、能够实现数据集成、支撑生态环境信息化功能的大数据平台迅速成形，在统筹建设污染源监测网络、环境质量监测网络、生态状况监测网络基础之上，整合各类监测资源，建立起全市生态环境监测大数据平台，实现上下左右贯通，有力支撑了打赢打好污染防治攻坚战。例如，某天成都崇州大气"数智环境"监管系统发出预警，监控显示当地嘉裕湿地公园附近出现 PM_{10} 和 VOC（挥发性有机化合物）浓度异常增高。随后，崇州生态环境局执法人员会同街道工作人员，锁定附近正在进行露天喷漆的在建工地，整个过程只用 15 分钟就解决了问题，这就是现代化的成都"数智环境"效率。

就实际运行来讲，"智慧生态环境"依托五步闭环工作法发挥作用。它将工作流程设定为"现状—科研—决策—执行—评估"五步，将资源协同运转起来，支持跨层级、跨部门的统一指挥调度，实现贯穿全程的闭环管理。具体来讲就是打造一座"数智中心"，汇聚起大气监测站、水质监测站、重点污染源在线监测和机动车、非道路移动源的天地控一体化监测数据，接入气象、住房和城乡建设、交通运输等部门数据，打通数据孤岛，建成数据中心。充分应用环境科学与信息科学研究这两大基础，形成数据集成、辅助决策和指挥控制三大机制。建立巡查、督查、执法、属地管理部门四支队伍。通过单项业务应用为五步闭环运转提供数据和模型支持，并通过不断迭代，实现整体治理效果的螺旋式上升。在这个体系中，标准化管理的数据能够实现多个口子进、一个口子出，确保数据的唯一性、可追溯。此外，系统从线上到线下依托市县乡三级联动，能够将任务直接派发到乡镇甚至网格员，各个环节情况都可以查看审核，执行反馈双向关联，解决问题的"最后一公里"被打通，做到把环境问题隐患消灭在萌芽状态。

2. 加强智慧共治能力建设

数据整合仅是第一步，为了让"智慧生态环境"平台这棵大树根深叶茂，还需要按不同主题与指标，对全市环境质量进行分析、评价、预测；探索研究环境数据关联性，将环境质量与气象、污染源等相关数据结合起来，找出数据共性或因果性。同时，开展规律性研究，提出改进措施。例如，成都先行先试"污染防治＋电力数据"新机制，市生态环境局与四川省电科院建立战略合作关系，创新和探索"污染防治＋电力数据"新技术、新理念，携手建立健全研究设计、数据共享、项目建设、技术服务等领域的长效合作机制，接入排污单位用电数据，融合生态环境监测网络与电力物联网，挖掘电力数据与排污关键因素之间的关联性，探索电力数据在污染防治、环境监管、督查执法、科学研究、成效评估等相关领域的结合应用，提升了环境措施的针对性和执法监测的准确度，助力打好污染防治攻坚战。

下一步，围绕融入面向未来的智慧城市，"智慧生态环境"将重点推进大数据、云计算、物联网等新一代信息技术赋能生态环境治理体系，加快实现信息资源"一库整合"、环保监管"一网联动"、生态环境"一门服务"，大幅提升监测、监管、决策、评估的科学性和精确性。

第二章 塑造公园城市优美形态 打造城市践行绿水青山就是金山银山理念的示范区

五、公园城市的乡村表达

我国人口众多，即便今后城镇化率达到乃至超过70%，农村仍将有4亿多人口。如果在现代化进程中把4亿多农村人落下，到头来城市繁荣而农村凋敝，不符合中国共产党的宗旨，也不符合社会主义的本质要求。因此"三农"现代化是中国式现代化不可或缺的组成部分，不管工业化、城镇化进展到哪一步，城乡将长期共生并存。而要建设产业兴旺、生态宜居、乡风文明、治理有效、生活富裕的乡村，就要振兴产业、振兴人才、振兴文化、振兴生态、振兴组织，就要建立健全城乡融合高质量发展体制机制和政策体系，要坚持农业现代化和农村现代化一体设计、一并推进，在资金投入、要素配置、公共服务、干部配备等方面采取有力举措，加快补齐农业农村发展短板，不断缩小城乡差距，让农业成为有奔头的产业，让农民成为有吸引力的职业，让农村成为安居乐业的家园。

习近平总书记指出："农村现代化是建设农业强国的内在要求和必要条件，建设宜居宜业和美乡村是农业强国的应有之义。"[1] 作为常住人口超2100万的超大城市，成都如何开创农业农村现代化发展新局面？在建设公园城市示范区的

---

[1] 饶爱民：《锚定建设农业强国目标 切实抓好农业农村工作》，《人民日报》2022年12月25日。

公园城市

进程中怎么进行乡村表达？一系列现实问题都需要在发展实践中不断探索解决。实际上乡村与城市就像是弹簧的两端，越是拉伸越是想要靠近彼此，城市与乡村是密不可分的两翼，必须作为"命运共同体"统筹考量。公园城市里的乡村必须有生态，有生产，还有生活，必须通过规划创新，依托乡村生态本底，培育和发展新型业态，推动产业跨界融合、要素跨界流动、资源跨界配置，打好生态品牌，推动生态产品价值多元转化。成都深刻把握农业农村农民的时代价值，将公园城市建设与乡村振兴战略有机结合，走独具特色的城乡融合高质量发展之路。让"开轩面场圃，把酒话桑麻"的野趣村居成为城市生活的一部分，同时也让集约高效、便捷舒适、智慧多元的城市生活为现代化乡村注入活力。

全面建设社会主义现代化国家，最艰巨最繁重的任务在农村，作为全国重要的粮食主产区和城乡融合发展试验区，成都在公园城市示范区建设的过程中，一直把乡村摆在突出位置，丰富公园城市乡村表达，推动乡村全面振兴。近年来，成都有机融合山林、水系、林盘、绿道、农田、人文等要素，探索乡村生态资源价值转化路径，催生出大批新场景、新业态。农村变景区，田园变公园，一幅岷江水润、茂林修竹、美田弥望、蜀风雅韵的田园画卷正徐徐展开。满足人们"米袋子""菜篮子"的需求之外，乡村正唤醒更多关于幸福的新期待。

（一）铁牛村里的原乡风貌：引领"绿水青山就是金山银山"乡村实践

蒲江县西来镇铁牛村因村内西汉冶铁遗址残留铁渣形似铁牛而得名，距成都市中心直线距离约60千米，位于成都市一小时经济圈内。2022年，全村面积9.59平方千米，辖12个村民小组，共1073户3634人，其中党员114名，现有一支100多人的原生性乡建队伍。铁牛村附近的西来古镇是川西民俗文化古镇的典范，拥有长达1700多年的历史和丰富的旅游文化资源。

第二章 塑造公园城市优美形态 打造城市践行绿水青山就是金山银山理念的示范区

1. 加强乡村规划

村委会秉承散而整、小而精、简而美的规划设计原则，重点打造新林盘与新聚落，通过点状布局与线性连接形成完整的生态体验系统，不断完善绿地系统，保证铁牛村绿地格局的连续性和整体性，通过绿道将点状斑块逐渐连接起来，形成结构明晰的绿色网络构架，满足铁牛村休闲、体验与展示的旅游需求，并规划打造慢行出游的交通体系，构建低碳、生态与高效的乡村旅游度假目的地，将乡村传统农业转化为新生态农业，将传统风景转化为新消费体验场景。铁牛村值得一提的是"云集"生态建筑体系，"云集"体系中的小屋全部用生态竹制板材制作而成，制作简易、耗时短，在80平方米的平台上，布置一房一厅、一个花园式院子和一片田园景观，将四个小屋形成一个组团。这就解决了乡村文旅开发土地难题、生态环保难题、乡村建设难题、体验品质难题、投资回报难题、农民增收难题等问题。

铁牛村因其悠久的历史文化、优越的地理位置、丰富的自然资源条件获得了外来人才与团队的青睐，当地村民与外来人才共同根据铁牛村的特点设计了具有铁牛村特色的乡村振兴模式，扩大了原有的农业、渔业产业规模，并带领村民共同参与组建乡村联合体，实现了共同分红、共同富裕。在党建的引领之下，铁牛村通过科学的规划、多元共创的发展路径打破了传统乡村的振兴方式，使人才与场景营建融为一体，成为公园城市建设乡村建设的典范。

2. 推动一二三产业联动

铁牛村以渔果产业为主，生态农业本底良好，村子秉持"党建引领、规划先行、村企合作、多元共创"的发展思路，聚焦乡村资源价值转化，发展壮大集体经济，带动村民持续增收，以新规划、新人才、新融合、新场景为重点，打造了体现"生产之美、生态之美、生活之美、生命之美"的公园城市美好乡村。

公园城市

铁牛村坝坝宴（韩杰 摄影）

村子发展坚持生态产业化与产业生态化，尊重原乡风貌，对果林和鱼塘进行优化，改造原有果林土壤，逐步达到有机种植的标准。梳理鱼塘的原有肌理，使铁牛村的水网更成体系，引入企业统一管理，净化水体，实现生态养殖。通过推动农业产业的生态化，实现一二三产业联动，实现土壤修复与水质净化、生态种植、生态养殖及农产品加工、生态文旅的有机结合。大力发展新型集体经济模式，以国企经济引领、新老村民共创、五类集体经济联合体共建共享为基本模式，在党委、政府的领导下，村庄、企业与社会各界组织发挥自身优势，形成共同合作机制。党委、政府负责党建引领、人才扶持、引导性投资与金融支持、公共服务与基础设施建设；村上负责组织人力、传承文化、资产收储与租赁；社会组织负责政策研究、公益慈善、社区营建；社会企业负责前期设计、招商引资与建设、项目运营管理、品牌传播与推广。此外，铁牛村村民联合组建了一个村企联合体，成立了铁牛丑美田园度假村有限公司，每位村民均为公司的股东，每年可获得分红。

（二）战旗村里的锦绣生活：呈现"农商文旅"融合发展崭新样板

横山脚下、柏条河边有一个距成都市中心约45千米的川西村落，名叫战旗村。村子总面积约5.36平方千米，耕地面积约5430亩，总人口4493人，党员人数165人。战旗村的发展是中国农村改革发展的一个缩影。2018年2月12日，习近平总书记来到战旗村考察农村基层党建和集体经济发展，充分肯定了战旗村党建引领、绿色发展、集体经济等方面的工作，称赞"战旗飘飘，名副其实"，并殷切期望把乡村振兴抓好，继续"走在前列，起好示范"。

1. 敢想敢干的明星村

20世纪60年代，战旗村从金星三大队分家，1978年开展家庭联产承包办工业，建立全村第一个砖厂，后来陆续办起了酒厂、复合肥料厂、面粉厂等村集体企业。2006年抓住统筹城乡战略契机，引导村民自愿以土地承包经营权入股，引进各类企业解决村内就业，同时运营没有流转出去的土地。2007年运用土地增减挂钩政策进行土地综合整治，完成全村承包地、宅基地的权属调整以及确权颁证，成立战旗资产管理公司。2015年抓住农村集体经营性建设用地入市改革的机遇，实现了"资源变资本、资金变股金、农民变股民"的转变。

在习近平总书记的鼓励下，借着公园城市示范区建设的东风，村里大力发展时令蔬菜、传统粮油、食用菌的加工生产，以郫县豆瓣为代表的农副产品加工业和乡村旅游等产业，走上了"农商文旅"融合发展之路，先后获得全国先进基层党组织、全国乡村振兴示范村、全国文明村等荣誉，成功创建国家4A级旅游景区。

战旗村能够成为明星村，首先有赖于基层党组织的引领，有赖于每一位党员充分发挥先锋模范作用。战旗村自创了党员的"三问三亮"办法："三问"是一问自己"入党为了什么"，二问"作为党员做了什么"，三问"作为合格党员示范带动了什么"；"三亮"则是在家门口"亮身份"，在公示栏上"亮承诺"，年终考核评议"亮实绩"。切实引导党员起到了"带头宣传党的方针政策、带头遵守公序良俗、带头做好自家卫生、带头顾大局谋长远、带头树立契约精神、带头创业致富"的作用。

2. 大力推动乡村产业振兴

乡村振兴，关键在产业。只有不断丰富业态，把农民生活过富裕，才能让战旗村的发展更有底气、更具可持续性。农业是农村其他产业发展的基础，战旗村非常重视农业，在保有规模巨大的粮食种植面积的同时不断丰富业态，按照"绿水青山就是金山银山"的要求，先后关闭和搬迁了先锋一砖厂、战旗预制板厂、郫县复合肥厂、润源铸造厂、战旗特种铸造厂，向绿色、生态的产业方向转型。

战旗村首先引导农民土地入股，村集体注入资金组建战旗土地股份合作社，建设战旗现代农业产业园区，并通过项目招商、企业招商，形成了龙头企业带动农副产品产加销为一体的现代农业产业化发展格局。以"支部＋合作社＋公司＋农户"的形式实行以市场为导向的计划生产，扎根于乡土资源，以农副产品加工、郫县豆瓣及调味品生产、食用菌生产和旅游业为主，促进农业产业持续发展。同时与周边高校科研院所建立产学研用合作机制，比如培育优质菌种，以绿色高端农业和体验农业推动农业经营模式创新，发挥新技术对高端产业的支撑作用。运用新技术、新设备提升生产加工质效。聚集中延榕珍菌业、浪大爷等农产品生产加工企业6家，建立自动出菇车间等多条自动化生产线，实现标准化、智能化、高效化生产。以消费需求为导向，做大做强天府水源地公共品牌；与"猪八戒网""天下星农"等知名品牌营销公司合作，对绿色有机农

第二章　塑造公园城市优美形态　打造城市践行绿水青山就是金山银山理念的示范区

产品进行包装设计和精准营销，将有机蔬菜卖到了北京盒马鲜生超市；利用京东云创对系列产品进行"梳妆打扮"，按众筹方式，利用大数据为消费者"画像"，精准生产、精准投放，同时倒逼建立食品质量安全追溯体系；搭建"人人耘"种养平台，实现农特产品"买进全川、卖出全球"精准营销。

其次，大力推动"农商文旅"融合发展，2018年开业的乡村十八坊就是其中的代表作。村里依托传统手工业，采取"前店后厂"方式运营，通过唤醒和展示乡村工匠的传统工艺来吸引游客，让"小作坊"成为"大产业"，打造旅游景点，增加集体收入。习近平总书记光顾过的唐昌布鞋店，返乡村民创办的"酱园坊"、战旗酒坊等都是热门打卡点。除了乡村十八坊之外，村里还打造了天府农耕博物馆、一里老街、台丽庄园、露营基地等一系列旅游项目。"一里老街"以"战旗一天，吃遍全川"的理念招引各地美食汇聚，街上的木阁楼、废轮胎、旧瓦罐、油纸伞、花花草草，林林总总把"老"字凸显得淋漓尽致，营造出古朴、雅致、贤达的韵味。谁也想不到三年前这条街还只有猪圈、柴房、鸡鸭舍和一条烂水沟。借着乡村旅游产业蒸蒸日上的东风，把农村的生产、生活、生态资源综合经营做成生意，更多村民开始在公园城市的乡野生活里吃上"旅游饭"，战旗村民宿、餐饮、特色商品经营服务不断增加，集体收入逐步上涨，村民年人均可支配收入也日益增长……不仅代表着一个产业的发展，更意味着家门前的就业、农民的增收。

战旗村的动人之处还有村容村貌，在全村进行统一规划的前提下，允许各家各户保留自身特色。在房前屋后的小微绿地上，勤劳的战旗村民精耕细作，有的种花椒，有的种李树，有的种桃树，大树之下花草丛生，玉米、黄瓜、莴苣、辣椒、茄子应有尽有，树上树下鸟蝶纷飞，人与自然和谐共生的画面跃然眼前，既保持了乡土特色，又充分利用了地力，传承了农耕文化，实现农村生产、生活和生态三生融合，呈现原汁原味的乡村生活。漫步村中的大街小巷，触手可及乡村田园的野趣，吸引游人放慢脚步。

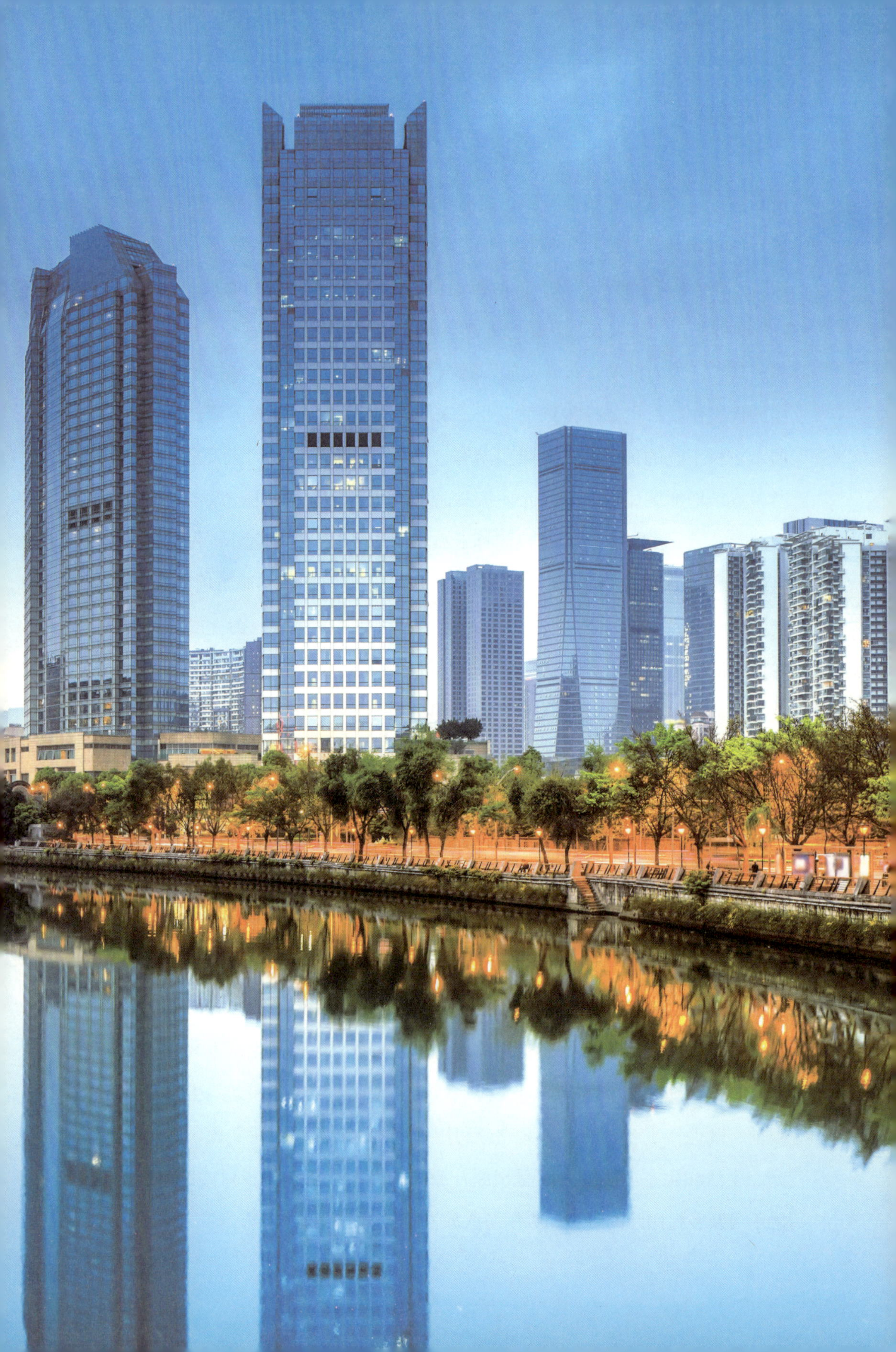

第三章

增进公园城市民生福祉
打造城市人民宜居的示范区

马克思在《共产党宣言》中指出，共产党人"没有任何同整个无产阶级的利益不同的利益"，而是要"为绝大多数人谋利益"。人民性是马克思主义最鲜明的品格，标识了马克思主义的价值底色。中国共产党自成立之日起，明确将为中国人民谋幸福作为自己的初心使命之一，把人民的幸福安康看作天大的事，不断满足人民对幸福美好生活的向往。贯穿公园城市示范区的建设始终是成都市委、市政府对人民群众需求的洞察与满足、着力与追踪、提供与优化，从点滴做起、从末端发力，从高品质宜居环境的塑造到均衡优质公共服务的提升，从满足居民生活体系的打造到推动城市发展成果的转化，成都在打造民众价值认同的道路上凝聚了情感认同。宜居成都，让温度推动城市发展，让广度激活城市密码，用深度打造人民美好生活的幸福家园。

公园城市

一、温度：民之所盼，我必行之

　　《2023年中国本科生就业报告》数据显示，近年来西部地区对应届大学生的吸引力不断增强，2022届本科毕业生中，近1/4选择在西部地区就业，较五年前上升了1.5个百分点，成都是吸纳应届本科生就业较多的西部城市之一。2022年，中央广播电视总台发布的《中国美好生活大调查》数据显示，成都市民幸福感指数大幅提升，涨幅超25%；此外，根据新华社《瞭望东方周刊》发布的"中国最具幸福感城市"榜单显示，成都多次位居"中国最具幸福感城市"榜首。

　　喜人数据的背后是这座城市对增进民生福祉，提高人民生活品质的孜孜以求。人们对成都的喜欢与热爱，标志着这座城市所散发出的充满人情味的幸福与温暖。幸福的背后是可感可及的生活场景创新，温暖的背后是落地落实的民生工程保障，支撑城市宜居和幸福的是办结办好的民生实事。"老与新"融合共生、"慢与快"交织变化、"远与近"情景切换、"繁与简"智慧转变等，让"成都式幸福"品牌愈发鲜亮、内涵日益丰富，已成为中国式现代化万千气象的一个美丽注脚。

（一）"老有颐养"让"夕阳红"更美更精彩

　　成都在深入推进宜居城市建设中，围绕"大卫生、大健康、大服务、大共享"理念，在经济与社会发展进程中融合大健康理念，努力促进城市健康持续和谐发展。在应对人口老龄化、满足群众需求、缓解养老压力方面，积极探索创新"智慧医养"，将原本互相独立的"医疗"与"养老"模块融合起来，打造根据病情动态调整的医疗养老机构，提供"1+1＞2"的新型医养服务。

1. 推行优惠政策，实现"微负担"养老

2023年5月18日，成都市民政局、成都市发展和改革委员会、成都市财政局联合发布了《成都市基本养老服务清单》，包括兜底保障、特殊困难老年人、一般老年人三个类别，共34个服务项目。

首先，每年向全市65岁以上老年人提供一次免费的健康管理服务。依托基层卫生医疗机构和家庭医生团队，对65岁以上的老年人开展生活方式和健康状况的评估、建立健康档案、体格检查、相应的辅助检查、健康指导、心理支持等服务；日常还会通过电话、微信等方式，定期主动联系服务的老年人或其监护人，了解其健康状况和需求，免费推送健康信息。其次，每年向全市65岁以上老年人提供一次免费的中医药健康管理服务。主要服务内容为中医体质辨识，并由中医医师根据诊断结果从饮食起居等多方面对65岁以上老年人进行中医药保健指导。再次，每年提供老年人的综合能力评估。针对有需求的老年人，按照其日常生活活动能力、认知能力、感知觉与沟通能力进行失能等级评估，并给予相应照护风险评估。最后，给予计划生育家庭特别扶助。对全市失独家庭、子女三级以上伤残家庭的户籍老年人发放特别扶助金。同时，鼓励有条件的区（市）县对计划生育特殊家庭成员中生活长期不能自理、经济困难的老年人发放护理补贴。

目前，全市三级综合医院及县级医院均设置老年医学科，二级以上综合医院均建立老年人挂号、就医"绿色通道"，老年友善医疗机构建设率93.83%，创建全国示范性老年友好社区21个，并结合成都实际，将医养结合服务延伸到社区和家庭，制作了医养结合线上服务地图。

2. 实施精准管理，实现"个性化"服务

为打破传统粗放式的医养体系，成都从源头环境入手，打造医疗、护理各主体联动的医养主体。推动康复师、心理咨询师、护工、护士、主治医生等主动介入康养区康复、咨询、护理、治疗等多个环节；推动多元化养老服务方案的制定，满足了保健卫生、休闲娱乐等多层次需求的落地，完成了"如出一辙"到"量体裁衣"的华丽转身。通过入户面访、问卷调查、座谈调研等多种方式，23个区（市）县民政部门通盘梳理了全市老年人口规模与特征、养老机构的运营情况、医养结合机构的服务范围、老年人养老服务的多样需求等。经区（市）县民政部门审核，最终遴选出5830名符合医疗巡诊条件的老年人，为其建设家庭养老床位，与4688名老年人签订居家养老上门服务协议，由社工、护工、义工组成团队为其提供居家养老上门服务。

一方面，建立一个居家养老床位，不仅能为老人家庭节省一张机构养老病床，把建造房屋、购置设备等前期投入的成本节省下来，还能让老人们在家人的陪同下享有专业的服务。另一方面，通过重视护理的专业性，以破解居家护理的困境。由专职护士和医护人员组成的社区服务队伍，可为社区居民提供"类机构"照顾，有效地满足不愿或不能外出居家的失能失智老人在照料、医疗、饮食、助洁等方面的现实需要。此外，该小组亦可为居家照顾者提供护理技巧，进而提高其生命品质。目前成都正在打造23个老年认知障碍友好示范社区，为老人开展评估、干预和转诊等工作。在此基础上，积极扩展老年人的生活方式，提高老年人的生活质量。通过政策调控手段，使大部分居家老人的家庭护理需要得到市场的更多重视。政府通过再购买服务，帮助各种类型的市场组织提高对养老服务的有效供应。通过该工程的实施，成都共有560户无收入贫困老人的家庭自行建立了居家养老病床，辐射与支持了全国范围内96个养老服务企业。

成都百姓们爱用的"天府市民云"App端同时上线了"养老一件事"模块，

打通了全市 1139 家养老服务机构的数据壁垒，只要轻点 App 端，即可享受"线上预约—线下服务—线上反馈"的闭环消费体验，为"银发消费"增添新场景，让老年人能更加快速高效地找到适合自己的养老服务机构。

3. 搭建智慧平台，实现"智慧"医养

《成都市"十四五"数字经济发展规划》提出，到 2035 年，成都将全面建成具有国际竞争力的数字经济新高地。飞速发展的数字经济为成都产业变革、生活生产提供了全新的"智慧"要素。在成都，老人不用出门，就可以享受到"智能保姆"的照顾，"智慧家庭医生"密切关注他们的身体状况。随着 5G 等新科技的迭代，成都农村地区的农业生产变得更加高效。这些改变正在让更多的成都人感觉到舒适与幸福。成都移动通过 5G 技术及多种简化版养老适老业务，为更多的老人搭建了一条跨越"数字鸿沟"的桥梁。现在，出行购物、看病挂号都离不开手机，要让老人们成功地运用移动电话，首先要解决"学会用"和"防诈骗"这两大关键问题。

就"学会用"而言，中国移动在成都市区范围内的营业厅中都设立了"流动顾问"，老人们如果有什么问题，可以向附近的营业厅员工求助，十分便利。另外，针对老人的视觉问题，中国移动 App 中还特意开辟了"关怀模式"，以大字体和语音播报的方式，让老人们更容易掌握自己的喜好。

就"防诈骗"而言，为让老人们避免各类网上骗局，利用 10086 的手机号码进行防范，提醒广大老人警惕短信欺诈，防止老人误入手机短信骗局。与此同时，针对老年人群体，大力推动全国反诈 App 的普及与安装，为老人提供全方位的保障。

伴随着 5G 在老人群体中的普及，成都移动公司还发布了一款名为"看家宝"的手机 App，可以对老人进行全天候影像监控，如果老人不小心跌倒，就会自动提醒家庭成员，并及时同步报警。同时，大力推动成德眉资"医养结合"

公园城市

线上地图，为成都、德阳、眉山、资阳四地老人提供医养结合服务机构的服务信息，面向四地的老年人提供全方位的养老服务，以及精准化、人性化的医养结合在线服务。"健康成都"官方微信公众号的主页也可以登录新版的"医养结合"地图，老人和家人可以在网上看到四个城市的医疗机构的机构信息、服务对象、收费标准等，也可以按照自己的需要，去挑选合适的机构养老或者享受医养结合的服务。

（二）"幼有善育"让"祖国花朵"茁壮成长

1. 打造"15分钟儿童友好生活圈"

社区虽小，却连着千家万户。社区日益成为青少年生活和学习的友好场所。成都市启动儿童友好城市建设以来，坚持从"一米"高度看城市，将儿童友好理念融入建设践行新发展理念的公园城市示范区过程中。社区应为儿童提供一个友爱平等、互助祥和、安全轻松的成长环境。如何让节日氛围变为孩子们的生活日常？从家门口步行15分钟，带娃去哪里过"六一"？成都社区为孩子们推出不少新鲜玩法，解决好服务群众"最后一公里"的问题。

成都市武侯区簇桥街道锦城社区作为全国首批儿童友好社区16个试点社区之一，为孩子们打造了一个充满温度的玩耍空间。室外，从商业区和广场空间的更新着手。商业区内有专属儿童的互动区域——儿童沙池、户外蹦床、亲水活动区、"树屋"、滑梯、秋千等，一些广场上设有鸟类招引区、昆虫喂养区、农作物认养区，还有能玩跳房子、打篮球的下沉式广场，成为孩子们释放天性的乐园。这些更新，一开始就收集和听取了不少孩子和家长的意见，一些活动区域的装饰和彩绘也交给了孩子们去完成，这也让孩子们更有参与感。有了这片儿童专属的互动区域，家长们"遛娃"也方便了很多。附近的孩子们可以经

龙马湖公园儿童游乐设施（韩杰 摄影）

公园城市

常在一起玩,也能交到不少朋友。

安全街区空间的打造也是一大亮点。锦城社区在辖区内各小区、学校和户外广场之间设置儿童慢行通道,儿童过街入口设置的慢行标识以及减速带、主要上下学道路设置的连续步行道路,串联起社区内儿童主要的活动空间,打造智能化儿童友好出行道路。这些道路两旁,可以看见关于二十四节气、动植物生长、儿童性教育、防侵害、防走失等知识,地面上还设计了跳房子等趣味游戏和各种彩绘。护学队、志愿者队伍的成立,为孩子们提供了更多的安全保障,儿童有了更加安全、宜居的环境。

室内,社区党群服务中心被打造成儿童游戏和学习的场馆,从儿童需求出发,设计一个安全、自由的活动空间。而每个空间的主题创意和设计,也加入了孩子们的不少想法和创意。服务中心内设置了天文馆、自然认知教育基地、科创中心、叠溪书院、童萌亲子园、食育中心等综合性社区服务功能室,开设了丰富多彩的社会实践课程,让孩子们在"有地方玩"的同时,还能学习知识。

这些社会实践课程,为孩子们学习科学知识搭建起广阔的平台。除了围棋、舞蹈、武术、手工等常规培训课程,还有极富地方文化特色的蜀绣等课程。节假日,孩子们还能参与线下的参观体验活动,走进社区卫生服务中心、体验环卫工人的一天、当一回小小牙医、到派出所学习处理纠纷等,在实地参观和实际操作中树立自己的职业观,培养参与、发现、探索、思考的能力。针对亲子教育的需求,社区还为家长们开展了家庭教育线下亲子体验课堂、家庭教育提升计划、亲子阅读等活动。每月一次的家长培训,不仅有专业的讲师,还有社区内的居民来担任讲师。参与培训的家长们都表示,这样的培训更接地气,更能提升自己的科学育儿理念。

2. 构建普惠优先、形式多样的托育服务供给体系

随着三孩生育政策的实施,"娃娃谁来带"成为很多双职工家庭面临的难题,

尤其是 3 岁以下的婴幼儿看护，已成为社会高度重视的问题。中央电视台最新的调查数据显示，城市中大约 1/3 的家庭有托育需求。"幼有所育"是衡量城市幸福指数的重要标准。成都作为首批全国婴幼儿照护服务示范城市之一，近年来加快建设价格可承受、质量有保障、服务可持续的普惠型托育机构，逐步缓解"带娃难"问题。

成都建立涵盖土地、财税、人才等的托育服务政策支持体系，通过打造示范标杆的方式，如一次性奖补示范性托育机构 20 万元、年均补贴每个普惠托位 3600 元等，提高政策号召力。构建普惠优先的托育服务体系，打造"15 分钟托育服务圈"；在学位较充足的农村地区实行托幼一体化，2023 年全市 3 岁以下婴幼儿在园 12000 多人；在城市社区，利用社区综合体及国有闲置资产与专业托育服务机构合作开办普惠托育。为提升婴幼儿照护水平，成都探索"医育结合"服务新模式，建立健康管理员制度，从基层医疗机构选派医务人员担任托育机构健康管理员；成立婴幼儿照护服务指导中心，开展行业人才培训和技术指导。2022 年成都市新增普惠托位 6800 多个，3 岁以下婴幼儿入托率较 2020 年提高了 2.7 个百分点。

3. 打造科学减负、持续增效的教育高质量格局

2021 年 7 月，中共中央办公厅、国务院办公厅印发《关于进一步减轻义务教育阶段学生作业负担和校外培训负担的意见》，成都市被列为"双减"试点城市。自"双减"政策实施以来，成都市龙泉驿区把"双减"工作作为重大民生工程，坚持减负与提质并重，围绕加强作业统筹管理、提升课堂教学质量、夯实课后服务阵地等方面开展工作，推动"双减"政策落实落地，着力打造"双减"背景下教育高质量发展新格局。如今，龙泉驿区各校学生作业布置更加科学合理，学校课后服务更好地满足学生需要，学生学习更好地回归校园，学子们全面发展、健康成长的氛围正日益浓厚。

不少学生曾经在繁重的作业"内卷"中身心俱疲，如今"双减"政策落地，作业减少甚至在学校就已基本完成，是不少家长和孩子最先感受到的变化。2021年12月，龙泉一小开始实施"每周一天无作业日"。父母和孩子在家里相处的时光温馨惬意，以前过于专注作业的场景逐渐被各种各样能培养孩子多方面素养的活动所代替，家庭中洋溢着温暖与和谐，通过活动带来的正面情感在彼此的心中荡漾。突出服务多样化，开设科技、艺术、体育、非遗、劳动、阅读等兴趣课程，用好爱国主义教育、科学教育、劳动教育、航空航天等实践基地，积极推广周末和寒暑假托管服务，通过"基本托管＋校内拓展＋校外实践"的方式，为学生提供多样化选择。突出服务优质化，组织开展"百名校长亮方案""千名教师献优课"设计活动，遴选推广优质课后服务、课程方案和课例，吸纳优秀运动员、非遗传承人、科技工作者等进校园、进课堂"多点执教"，为学生提供优质的课程内容和师资力量。突出服务个性化，紧扣学生所需、家长所盼，"一生一课表"设计课后服务内容，确保每个孩子拿到手中的都是独一无二的专属计划，满足学生个性发展、特色发展需求。

（三）"全龄友好"让全年龄段稳稳幸福

1. 链接资源支持困境群体融入社会

成都市大邑县民政局依托三级社工体系，充分发挥"五社联动"作用，助推大邑县社区互助支持网络的搭建。自2022年大邑县社工站（室）正式启动以来，各站（室）社工在村（社区）干部、志愿者等多方力量的支持下，全面开展走访摸底，了解147个村（社区）现状，入户走访困难群众，摸清低保、特困、空巢老人、残疾人等困难群体情况，建立完善信息台账及需求清单。为满足困难群众多样化需求，各级社工站（室）链接整合基金会、医院、学校、企业、个人等各类慈善资源合计 20.6 万元，为困难群众服务提供有效助力。大邑县社工总站开展大邑县社工站（室）资源整合培训及对接座谈会，链接到社会企业，整合公益项目及资源，与 11 个镇（街道）社工站建立起有效联动，为 32 户在医疗、养老、教育等方面有急需的困难家庭提供医疗救助及儿童生活补助金 2.8 万余元，并链接基本生活物资为 106 户困难群众缓解生活困境。

大邑县社工站（室）围绕"救危、解难、发展"三个层级，联动民政局、残联、人力资源社会保障局等政府部门，协调市、县级关爱援助中心、医疗机构、养老机构，向困难群体提供更具有效性和个性化的帮扶。大邑县各级社工站（室）利用多元慈善资源，结合志愿力量，开展社工专业服务，为面临危险处境的群众提供紧急救助，为困境群众提供兜底服务和发展支持，形成"政策救助兜底保障、社区及志愿者常态关心、社工定期回访跟进、慈善资源持续支持"的长效帮扶机制。

2. 无障碍旅游让"说走就走"成为现实

从 2019 年开始，成都市就对无障碍旅游进行了探索，并在国内率先开展了试点工作，已见明显效果。成都市残疾人事业单位与市文化广电旅游局共同努力，将残疾人事业与旅游业的两大体系连接起来，实现了从硬件到服务的统一。一连串的结果迅速显现：我国首部无障碍学术著作《残障人士无障碍旅游入华史及其发展》与我国首部无障碍指南《成都无障碍手册》问世；在国内率先召开了"无障碍旅游发展座谈会"，并印发了国内第一个无障碍旅行标志，发表了《无障碍旅游倡议书》《无障碍旅游宣言》等；特别为残疾人量身定做了 50 余条省内、国内、国际等专列行程；系统化组织、品牌化运营、常态化开展的公园城市无障碍感知行活动被纳入残疾人文化进社区、进家庭"五个一"工程的重点项目，每年开展上百场。

成都市残联围绕残疾人的特殊需求，聚焦"诗与远方"，聚力"营城惠民",积极探索无障碍环境全龄友好新路径。率先发力无障碍旅游,让残疾朋友说走就走;推动无障碍场景营建,推动无障碍设施、服务、平台从"有"到"优";推出《有爱无碍·携手同行》无障碍公益宣传片,推动多元参与、共建共促,举全社会之力,助力整个城市无障碍场景营建走向深入。

如今,更多残疾朋友踏上"说走就走"的旅程,也迎来更高品质的旅游体验。更令人高兴的是,在无障碍环境建设法中,交通运输服务、文旅服务作为无障碍社会服务的一部分,被写入法律条文。

3. 呵护女性需求,撬动"她经济"崛起

当女性走上社会舞台,自主性越来越强,收入越来越高,地位也越来越重要,围绕女性消费需求形成的"她经济",成为许多行业竞争的焦点。强大的消费引导力成为实体商业经营者和资本开发针对女性视角和需求的市场的必修课。近年来,一大波精品百货扎堆入驻成都春熙路－太古里商圈,带来了大批"国际品牌"。这不仅让春熙路－太古里在全国声名赫赫,也给成都的时尚提供了与国际接轨的机会。随后,IFS、SKP、连卡佛等一系列高端购物中心在成都投入大量资金。连卡佛官方表示,成都 GDP 增长迅速,外资投资环境良好,在科技与文化上具有双重动力,连卡佛希望把品牌所倡导的生活方式带入这个全中国增长最快的奢侈品市场。

而成都的"她经济",不仅仅是卖漂亮衣服和化妆品的地方。

IFS 表示,太古里有方所,银泰有钟书阁,各种 24 小时的书店,都是"她经济"的一部分。"她经济",是一座城市经济发达、文化繁荣的重要象征。成都提出的生活态度是:培育一种城市气质、养成一种思维方式、形成一种时代风尚。换言之,越成都的越时尚,越时尚的越世界。透过"她经济"的崛起,我们能看到一座城市发展新经济、培育新动能的决心。

第三章　增进公园城市民生福祉　打造城市人民宜居的示范区

太古里（韩杰 摄影）

钟书阁里阅读的读者（韩杰 摄影）

71

二、广度：袅袅炊烟，热辣生活

成都装下了李白、杜甫的诗意，装下了炊烟袅袅的热辣生活，也装下了打造新增长极的梦想。在中国的城市里，成都有着独特的步调和节奏。她拒绝"同一性"，也一度以"慢"和"安逸"著称。慢是成都式休闲生活的标签，在全国享有很高的知名度和美誉度。从历史来看，成都就是一个节奏慢的城市，表现为休闲之风盛行。成都大张旗鼓的休闲活动已有千年历史。成都自五代始，游乐之风盛行，其有："每春三月，夏四月，有游花院者，游锦浦者，歌乐掀天，珠翠填咽，贵人公子，华轩彩舫游百花潭，穷极奢丽。"韦庄《奉和左司郎中春物暗度感而成章》云："锦江（成都府南河，在这里指的是成都）风散霏霏雨，花市香飘漠漠尘。"至宋代，锦江游乐有增无减。《方舆胜览》卷五十一引《成都志》记"锦江夜市连三鼓，石室书斋彻五更"，说明锦江的游乐生活更胜前朝。

人间烟火气，最暖凡人心。即使互联网打造了无时差的信息空间，城市更新速率正在发生着翻天覆地的变化，成都却依然保留着"闲适""安逸"的城市特征，这里有约8000家咖啡馆、4000家书店、2000家乡村民宿，还有约15万家餐馆、2万家火锅店、1万家茶馆等，这些场所升腾起慢悠悠的"烟火气"，让无论是市民还是游客，都可以在成都放慢脚步。成都的"闲适""安逸"不仅体现在城市生活的慢节奏，还体现在对人才、场景、消费的多维满足。烟火气，来源于人气，来源于满城笑迎四海宾朋的喜气，来源于让"蓉漂"不再漂的朝气，来源于连续多年"最佳引才城市"的才气，来源于多次位居"中国最具幸福感城市"之首的底气。

（一）近悦远来，建设人才"用脚投票"的优选地

1. 搭建平台，以"蓉漂"品牌感召青年人才

青年为成都科技创新注入了源源不断的青春力量，青年是创新创业的主力军。2023年，成都的高新技术企业数量不断增长，创业板上市企业数量居全国第6位，城市创新指数排名第29位。成都已建设了139个国家级创新平台，创新资源不断聚集，创新能力不断增强。

作为创新创造的热土，成都高新区还将目光投向支持人才创业上，通过深入实施产业教授和"四派人才"企业计划，为掌握核心技术的"双一流"高校产业教授提供项目资助支持其创新创业，针对学院派、蓉归派、创客派、海归派人才提供创业空间、人才公寓、专业服务等全方位的创业支持，打造人才创业优良生态。截至2023年，成都高新区累计引聚"双一流"高校"国字号"创业教授50余人，引进高层次"四派人才"企业1511家。此外，成都高新区还实施领军人才梯度培育。依托重大人才工程，新增国家级人才4人、省级人才77人，吸引10名掌握关键核心技术的"国字号"高校产业教授进区创新创业，评选5名创业成就奖、10名创业人才奖，为企业"订单式"新培育60余名非全日制研究生人才。

一方面，突出平台构筑，以城市机遇成就青年人才。成都锻造战略科技"国家队"，推动12个国家重点实验室在蓉集聚，4个方向天府实验室实体化运营，4个国家重大科技基础设施加快建设，145个国家级科技创新平台建成布

局，努力造就科技创新策源之地、青年价值实现之地。成都打造创新创业"强磁场"，实施高新技术企业倍增计划，培养约 1.16 万家国家高新技术企业、202 家专精特新"小巨人"企业，推动 36 家人才企业顺利上市，成都位列全国"双创"第四城，为广大青年人才创业兴业提供了丰富场景。成都扩展校院企地"朋友圈"，构建校院企地人才发展共同体，联动首批 107 家成员单位开展人才共引、政策叠加、项目衔接、平台共建和服务共享，与清华大学、北京大学、中国科学院等 21 家高校院所建立战略合作关系，规划建设 10 个环高校知识经济圈，推动实现"聚四海之智、借八方之力"。

另一方面，突出品牌引领，以"蓉漂"品牌感召青年人才。成都着眼于招才引智，开展"蓉漂人才荟"，赴伦敦、东京、北京、上海、广州等海内外重点城市举办近 1000 场次招才引智活动，签约超 20 万人，搭建"蓉漂杯"赛事平台，累计吸引 1453 个项目，落地项目投资额达 73.95 亿元。成都着眼于育才提能，创设"蓉漂人才发展学院"，培养跨界融合、面向未来的复合型人才，链接首尔大学职业发展中心、混沌大学等 25 家优质培训机构资源，累计培训近 50 万人次。成都着眼于拴心留才，设立"蓉漂人才日"，以专属节日诠释"更好的成都，成就更好的你"；布局"蓉漂青年人才驿站"，为应届毕业生求职提供短期免费住宿，累计接待超 8 万名青年大学生入住。随着大力引聚创新领军人才、实施人才梯度培育等举措的持续推进，各类人才集群正在成都高新区落地生根、开花结果。

2. AI 辅助创新评定人才

2022 年成都市高新区实现地区生产总值 3015.8 亿元，迈上 3000 亿元台阶；累计培育了 62 家上市企业，科创板企业达 10 家；吸引了 134 家世界 500 强企业入驻，汇聚 4300 多家国家高新企业，各类人才创办科技企业超 10 万家。经济活力与经济密度的正向驱动，使得高新区人才虹吸效应明显，更吸引了城际流动的主力——青年迅速聚集，逾 80 万人的"双创"人才中，35 岁以下青年人才占比 90%。科技是第一生产力，人才是第一资源，创新是第一动力。作为西部首个国家自主创新示范区，成都高新区聚焦第一资源，创新政策引才、大赛选才、培训育才、生态留才机制，加速打造具有全国影响力的创新人才集聚区。

"我之前用手机在'系统'上提交了申请，只需要根据提示按步骤填写信息、上传材料，短短几分钟就能完成全部操作，实在是太方便了！"在成都高新区某高新技术企业工作的王先生满意地说道。他赞不绝口的"系统"是"人才分类及服务智能化系统"，于 2023 年 7 月正式上线运行。作为激活人才生态的创新探索，AI 辅助判定无疑是成都高新区在人才评价认定方面的大胆尝试。系统以科学的人才评价体系为基础，并借助 AI 辅助认定的手段，将服务触角延伸至移动端、PC 端，致力于为人才提供精准化、智能化、集约化的线上全流程评定服务，进一步提升人才服务的便捷度和满意度。AI 辅助认定既加快了人才评定的处置流程，又为公开透明的人才审核环境奠定了基础，让前来成都高新区创业、就业的各类人才既省时又省心。经由系统评定的高层次人才将被分为 ABCD 四类，并会根据不同类别享受住房、教育、文化、娱乐等八类配套服务。

3. "金熊猫人才通"一键链接

"金熊猫人才通"的目标是让人才"不跑腿"、数据"多跑路"，用数字创新实现"政策找人才"智能迭代。打开 App，医疗服务、住房安居、子女教育、政务服务、文化服务、金融服务、交通出行等服务功能一目了然。此外，"金熊猫人才通"系统平台联合成都高新区亲清在线"高新通"平台，利用大数据等技术手段，智能化匹配出人才所属产业专属的各类政策文件和申报数据，精准推送至人才使用端页面，同步创建"一键申报"快速通道或"一键转发"人才助理申报，切实提高全区产业政策和人才政策兑现效率，将"人才找政策"查询模式智能迭代为"政策找人才"，系统为不同产业人才精准推送产业及人才政策申报信息。

以人才安居信息认证为例，"金熊猫人才通"可以在48小时内督办完成从材料初审到最终审定的全流程，人才只要按照标准在系统内提供符合资质要求的材料，后台系统会联系各相关部门，让人才"不跑腿"、数据"多跑路"。"在平台提交材料后，两天内便完成了认证。"通威集团的冯女士尝试使用"金熊猫人才通"平台轻松办结了一项人才安居资格认证业务。营商环境与人才环境密不可分，一系列创新举措让广大人才愿意来、留得住、有发展、乐生活。

（二）场景营城，唤醒城市余量空间

1. 山水新城，良好生态环境的民生福祉

成都正在全面建设践行新发展理念的公园城市示范区，践行绿水青山就是金山银山理念，着力打造宜居宜业、更富活力的现代化国际大都市。作为成都"东翼"的现代化新城，东部新区成立以来，坚定不移走生态优先、绿色低碳的高质量发展道路，锚固"一山一江三廊多湖"的城市生态格局，统筹生态建设与经济发展，以"体旅文商"产业融合协同创新为抓手，引聚资源、营城赋能，积极探索产业生态化、生态产业化的绿色发展之路，着力把"绿水青山"转化为"金山银山"。2022年2月28日，《成都建设践行新发展理念的公园城市示范区总体方案》经国务院批复同意，该方案强调构建公园形态与城市空间融合格局，实现生产空间集约高效、生活空间宜居适度、生态空间山清水秀。

第三章　增进公园城市民生福祉　打造城市人民宜居的示范区

三岔湖（韩杰 摄影）

　　成都东部新区山水资源富集，拥有特色丘陵谷地、河湖水系，毗邻全球最大的城市森林公园——龙泉山城市森林公园，有四川省第二大人工湖泊——三岔湖，沱江生态轴贯穿新区全域，山水相间，蓝绿空间占比达到72%，公园形态与城市空间交织相映。成都东部新区成立以来，深入贯彻"两山"理念，以建设践行新发展理念的公园城市示范区为统领，白纸画图、平地起城，依托特色丘陵谷地，结合交通枢纽、创新产业和公园城市三大元素，提出了构建"蝶形有机共生体"的前瞻规划理念，形成了"山水撇捺织绿网、一轴一环携两廊、

公园城市

双城多组环绿心"的空间架构。新区规划了267个生态公园，如绛溪河城市公园等，并布局了生态走廊和高质量的绿色空间系统。通过多元化产业功能区的组织，内部设定重点城市区域，利用未来公园社区来创造多样化的活力场景。同时，严格控制基础地貌，保持川中丘陵的风貌特征，充分展现山、水、城和谐共存的美学，积极探索成都东翼现代化新城的公园城市形态表达。

东部新区的奥体公园（韩杰 摄影）

在推动山水资源生态价值转化上，成都东部新区以规划打造86平方千米的天府奥体公园为核心，坚持资源整合、业态嵌合、市场复合、要素聚合、链式融合原则，持续做优龙泉山、三岔湖等独特山水生态资源本底，推动"体旅文商"融合协同，聚焦体育竞赛、体育旅游、体育康养等产业，创新打造融合消费场景，大力引培各类赛事活动，不断增强产业动能，蓄积发展势能，促进体育与文化、旅游、商业等产业深度融合发展，推动生态价值加速转化。已打造四大文旅片区、30余个重点消费场景，三鱼萌狮文化村、马鞍山观景台等4个文旅场景荣获2022年"最成都·生活美学新场景"称号，成都龙泉山丹景台旅游景区成功创建4A级旅游景区。

2. 航旅之都，说走就走的幸福感

说到国内拥有双国际机场的城市，你会想到哪些城市呢？你是否知道成都是继北京、上海之后，中国内地第三个拥有双国际机场的城市呢？

2021年6月，天府国际机场通航投运，这标志着成都成为中国内地第三个运营双国际机场的城市。这意味着不论是前往成都的国内国际旅客，还是从成都出发的旅客，都有了更多的出行选择。成都，这座同时拥有深厚历史文化底蕴和繁荣经济的城市，正以其独特的魅力吸引着越来越多的、来自世界各地的旅客。

自从天府国际机场通航投运以来，成都"两场一体"的协同联动效应逐渐凸显。2022年，成都两大国际机场的总旅客吞吐量达到了3109.2万人次，位居全国城市之首。2023年，成都两大国际机场的总旅客吞吐量更是达到了7492万人次，较2022年增长141%，在全国城市中排名第三，仅次于北京、上海。值得一提的是，成都天府国际机场刚运营一年就获得了国内第四、西南首个"SKYTRAX五星级机场"的荣誉。

旅客吞吐量巨大，不是降低服务标准的理由，相反，更应该持续完善各项配套服务供给，为旅客提供舒适、舒心的乘坐体验。近年来，两座机场始终坚持以人为本、人民至上的基本原则，竭尽全力为过往旅客提供最舒心的服务，让众多旅客真正体会到了为什么"成都是一座来了就不想走的城市"。

例如，为了满足国际旅客的出入境需求，天府国际机场将入境流程"化繁为简"。首先，在第一关卫生检疫中，若提前通过手机申报海关二维码，仅需十秒即可完成该项流程。其次，在第二关安检和海关联合查验中，不用在海关和

公园城市

安检分别过机，手提行李只需进行一次机检，大大缩短了游客通关时间。最后，在第三关机场口岸边检入境查验中，机场通过显示屏实时更新窗口开放情况，精准引导乘客，进一步节省旅客通关时间。此外，整个通关过程中，优美的音乐、智能协运机器人的托运服务，都让通关变得更舒心、更省心。在抵达候机区后，精美的免税店、独具成都韵味的特产店还能够充分满足国际旅客的购物需求。

又如，充分考虑到成都中心城区距离天府国际机场的路程较远这一现实问题，自 2023 年 6 月起，连接成都市区与天府国际机场的成都地铁 18 号线新增直达列车，全程仅停靠 3 个站点，只需半个小时，即可从火车南站直达天府国

天府国际机场地铁到达口（韩杰 摄影）

际机场，极大地便捷了旅客出行。

再如，为满足国内航班过夜旅客的提前候机需求，天府国际机场持续优化提前办理值机、行李托运、安检手续等各项服务，并为旅客配备有躺椅、充电座椅、母婴室、24小时自助售卖机等设施的集中休息区，有效解决旅客过夜基本需求，持续提升旅客出行体验，为枯燥无味的候机时光增添了一丝色彩与温暖。

3. 科幻脉搏，打造沉浸体验新气象

科幻，一种脑洞大开的想象，却总能在多年以后照进现实。成都，一座包容开放的城市，让奇思妙想得以成长。2006年，位于人民南路四段的《科幻世界》收到《三体》投稿，编辑选择发表。创刊于1979年的《科幻世界》杂志被称为"中国科幻大本营"，多年来连载了《三体》《流浪地球》等长篇小说，在它们搬上银幕荧屏火遍全球之前，杂志社就慧眼识珠。2023年，成都的文创公司将《三体》小说里的"宇宙闪烁"名场面搬上太古里的3D大屏，这何尝不是绝妙的闭环。2023年世界科幻大会在成都胜利召开，以大会为契机，成都掀起了一轮营城、兴业、惠民热潮。随着科幻大会的召开，成都街头巷尾的科幻氛围愈发浓厚。除了肉眼看见的外化元素，更加科幻的是成都敢于想象、敢于拼搏的精神内核。闻名世界的科幻杂志在这里诞生，令人叹为观止的科幻电影特效在这里制作，这里是科技创新的沃土，也是通往科幻空间的门廊。成都地标玉林路再次"上新"，以成都世界科幻大会吉祥物"科梦"与你漫步玉林为主题，在玉林东路两侧分别以《科幻世界》杂志历年经典封面为主线，将19个科幻场景串联起来，设置互动打卡点15个，将玉林东路整体"变身"成为科幻一条街。在这条街上"科幻照进现实"，道路一侧地面展示30余期《科幻世界》杂志往期经典封面，立体设置了三体空间、科幻墙、机甲猎人、拍照换装等场景，让人沉浸式感受30年来中国科幻作品的蓬勃发展。在这条街上"科幻

遇见未来"，道路另一侧地面展示30余期《科幻世界》杂志经典封面，结合了《星际迷航》《流浪地球》《头号玩家》《星球大战》等科幻电影，打造出科创长廊、科幻集市、万象天地、发电单车等场景，让人互动式体验科技给生活带来的乐趣。

　　同时，成都太古里的3D倒计时屏幕吸引了大量市民和游客的关注，让人联想起《三体》小说中的"幽灵倒计时"。这不仅是科技与艺术的交融，也是"三体"系列作品"宇宙闪烁"增强现实体验项目的一部分。未来，观众们可以在成都感受到更多创新科技与经典文学结合的科幻作品，感受到科技带来的无限可能性和文学的深远影响力。

　　成都就是这样一片神奇的土壤，呵护新奇的嫩芽，长出美丽的果实。2023年首届金熊猫奖评选活动在成都启幕，本土新锐导演孔大山与编剧王一通因电影《宇宙探索编辑部》荣获金熊猫奖最佳电影剧本提名。成都影视硅谷坐落在郫都区，吸引了包括导演郭帆在内的众多科幻界名人探访，以此激发创作灵感。《科幻世界》的主编拉兹对成都的科幻文化氛围给予极高评价，他认为成都有大量科幻爱好者，举办众多相关活动，这是一座深深沉浸在科幻精神中的城市，并且成都的科幻活动受众群体覆盖了全年龄层，从老年人到小朋友都有，科幻文化在成都生机勃勃、活力绽放。

（三）休闲宜居，激发文化旅游消费活力

1. 强化消费整体供给

　　成都这座千年商都，凭借其深厚的商业底蕴和不竭的活力，自古以来就因商业繁荣而闻名于世。从东汉时期繁华的"锦官城"，到唐宋时期"扬一益二"的巅峰，再到现代的春熙商圈升级为国际化金融中心，这里始终洋溢着繁华与

第三章　增进公园城市民生福祉　打造城市人民宜居的示范区

生机。成都积极挖掘内需潜力，强化消费在经济增长中的核心地位，通过强化国际门户枢纽、构建庞大消费网络、塑造独特消费体验空间、培育创新消费模式以及优化国际消费环境，旨在打造一个融合天府文化魅力、展现公园城市特质、引领全球时尚潮流的国际消费核心引擎。

根据成都零售商协会与上海中商数据联合发布的《2023年度成都首店经济发展报告》，2023年落户成都首店达813家，首店数量创5年新高，首店数在全国城市中继续稳居第三位，仅次于上海和北京，也同上海、北京形成了断档领先的首店经济城市第一梯队。在这813家首店中，不乏高能级首店，其中包括全球首店2家、全国首店43家，西南首店则达到166家。同时，2023年成都首店较2022年增加105家，增幅在全国首店经济重点城市中仅次于北京和深圳，长势强劲，这也为市民群众提供了更多的消费选择，从而实现在家门口就能高效享受到全球化优质商品和服务带来的便利。

2. 顶级商圈引领时代消费潮流

根据成都市统计局公布的2023年成都市经济运行情况的数据，2023年，成都全市实现社会消费品零售总额10001.6亿元，同比增长10.0%，增速分别比全国、全省高2.8个、0.8个百分点。消费毫无疑问是带动成都经济社会发展的重要引擎，高品质的消费供给在满足成都居民日常生活消费需求的同时，还对周边省市的消费起到了有效的辐射引领作用。基于此，成都正加快打造国际消费中心城市，一座蕴含天府文化特色、彰显公园城市特质、引领国际时尚的国际消费中心城市正在逐渐成形。

说到国际消费中心城市，顶级商圈是必不可少的，综观纽约、伦敦、北京、上海等城市，顶级商圈都是集聚消费资源、满足消费需求的核心承载地。成都作为西部地区消费能级最高的城市之一，同样拥有诸如交子公园商圈、春熙路－太古里商圈等一批极具影响力的商圈。

83

公园城市

以交子公园商圈为例，作为成都市重要的消费新地标之一，为了更好激发消费活力，交子公园商圈以引育大型商业综合体和探索消费新场景、新业态为重要抓手，持续丰富消费供给，有效满足居民消费需求。

交子大道上的无人机表演（韩杰 摄影）

从大型商业综合体看，有亚洲第一大单体建筑之称的环球中心、全国首个下沉式高端时尚百货SKP等独具特色的商业综合体均汇聚于此。此外，银泰in99、招商大魔方等商业综合体更是不胜枚举，共同织密了交子公园商圈的消费网络。在满足商圈内居民日常消费需求的同时，交子公园商圈还吸引了大量来自周边地区、周边城市的消费客群，形成了需求与供给的良性互动。以2022年开业的SKP为例，从需求端看，该项目在充分利用四条地铁线路交汇优势的基础上，有效集聚来自四面八方的消费者。从供给端看，SKP共引入超1300个全球一线品牌，更是涵盖超200个首店品牌，使得消费者能够就近购买潮流前线的商品与服务。

从消费场景和消费业态看，交子公园商圈积极探索各类全新消费场景、消费业态，充分满足消费者个性化消费需求。例如，创新打造"交子市集"自创IP，常态化开展"交子市集"活动，在汇聚潮流消费品牌的同时，适当穿插街头表演、艺术沙龙等文化活动，全方位提升消费体验，构筑幸福美好生活场景。又如，交子公园商圈是年轻消费群体集聚的区域，自然少不了夜间消费的加持。商圈大力发展夜食、夜娱、夜秀、夜展，先后举办了"为成都而歌"演唱会、"粤夜越 HAPPY 卡拉 OK"派对等活动，让居民在结束了一天的辛苦工作后，能够充分享受夜间的闲暇时光，夜间消费被充分激活。

3. 城市更新激发老街区秀出新活力

曾有人说，今天的成都像一个万花筒，五彩缤纷、包罗万象。在这里，你既可以体验到国际化大都市的快节奏，也可以感受到老成都特有的慢生活。如果是厌倦了快节奏的生活方式，你可以到东门市井，体验一把成都人独有的"安逸"。

从成都地铁 7 号线狮子山站出站，就可以来到独具老成都风韵的东门市井体验街区，古色古香、青砖黛瓦的居民楼随即映入眼帘，一股老成都的韵味扑面而来。临近饭点的时候，居民楼下的各色小店更是异常热闹，各色美食让人应接不暇。

近年来，成都市以"老成都、蜀都味、国际范"的总体思路为指引，持续推进城市有机更新。通过系统推进外立面改造、墙面更新等工程，老成都的风貌特征得到进一步强化，达到了烟火气息同街区风貌相得益彰的效果。如此不仅显著提升了居民的幸福感，还为游客营造了更多彰显成都特质的旅游消费场景。

在东门市井体验街区，你能够体会到独具古蜀特色的消费场景。你可以找

公园城市

一间茶铺，喝喝茶，看看报，听听曲，甚至是小贩的吆喝声都别具一番风味。你还可以在各色小店里品尝川内特色美食，肥肠粉、锅盔等都是不错的选择。你还可以尽情感受独具巴蜀特色的文化氛围，糖画、棕编、剪纸，样样都是各具特色。

成都大运会期间，东门市井更是成为向国际社会展现古蜀文化的重要场景之一。许多来自世界各国的代表团成员来到东门市井，他们漫步在独具古蜀文化特色的街区，购买品尝糖画等特色产品，真真切切品味了一把地地道道的老成都生活。

如今，像东门市井这样独具老成都特质的街区越来越多，既方便了居民的日常生活，又保留了老成都独有的城市记忆，还让来自全球各地的、对老成都生活满怀憧憬的游客，能够在独具老成都特质的消费场景中，真真切切体验一把什么叫作"巴适"。

4. 老字号传承创新服务建设世界美食之都

成都于 2010 年被联合国认证为"世界美食之都"，是我国第一个获此殊荣的城市。作为四川美食的代表，成都的各色美食太多了，让人目不暇接，垂涎欲滴。有香辣滚烫的成都火锅，有肉酱浓郁、劲道爽滑的担担面，有爽滑弹牙的肥肠粉、香脆可口的大锅盔，还有清凉爽口的冰粉、软糯香甜的蛋烘糕，当然更少不了麻婆豆腐、夫妻肺片、回锅肉、宫保鸡丁等等经典川菜美食。

在成都，餐饮行业有 18 家"中华老字号"、29 家"四川老字号"。作为拥有众多老字号的美食之都，成都人把"会吃"看成是"懂生活"的表现。成都市饮食公司成立于 1956 年，是一家专营川菜、成都小吃的特色餐饮企业，曾连续 6 年荣获"中国餐饮百强企业"称号。目前，公司旗下拥有陈麻婆豆腐店、赖汤圆店、龙抄手店、夫妻肺片店、荣乐园、盘飧市等 9 家"中华老字号"以及粤香村这个"四川老字号"。近年来，老字号品牌连锁化发展、规模化经营，产品工业化生产,文化建设和形象宣传"三管齐下"。

目前,成都市锦江区是四川省餐饮店聚集度最高的区域之一,位列"中国特色美食百佳县市"第2位、"中国特色小吃百佳县市"第9位。区域内现有4000余家餐饮企业,其中限额以上餐饮企业74家,年营业额超亿元的企业6家。米其林星级餐厅、黑珍珠餐厅占成都全市比重超50%,"中华老字号""四川老字号"占四川全省38%。

锦江区结合华兴街、锐钯街等美食特色区打造,促进盘飧市等20余家重点餐饮企业提档升级,招引落地美食首店品牌3个,组织开展"寻味成都"第二届星厨大赛、"爱成都·迎大运"旅游美食评选等10余场美食节会活动,升级消费体验。同时,以"互联网+"新零售模式需求为导向,引导487家规上川派餐饮企业加盟"交子券"流通,通过延长消费链路,增强消费黏性,让市民在多种业态均能享受一致的消费体验。

公园城市

三、深度：天府特色，三城三都

　　文化是一座城市的根与魂。成都作为古蜀文明的重要发源地，是国家首批历史文化名城，位列中国十大古都。成都总是与这样的历史佳话和故事相连：李冰治水安民，文翁兴学化蜀，扬雄学甲天下，杜甫卜居寄情……千年文脉的不断演进，文化之魂的不断发展，孕育出特质鲜明、独具魅力的天府文化。2018年，成都提出打造世界文化名城战略，主要以建设世界文创名城、旅游名城、赛事名城，以及塑造国际美食之都、音乐之都、会展之都"三城三都"推动城市文化发展与创新。

　　近年来，成都坚持中国特色社会主义文化发展道路，立足全球视野，参照国际标准，坚持统筹协调、功能错位、优势互补、多维一体的"三城三都"空间载体布局，保护利用一批特色文化遗产，提档升级一批文化生活设施，孵化推动一批文化产业项目，规划建设一批文化地标，不断优化城市文化设施和文化产业的空间布局，积极构建文化场景，拓展城市消费空间，大力开展品牌活动，全面提升城市形象，自觉用中华优秀传统文化、革命文化、社会主义先进文化培根铸魂、润城化人，持续擦亮"三城三都"金字招牌。

第三章　增进公园城市民生福祉　打造城市人民宜居的示范区

（一）刷新世界文化名城"进度条"

1. 建设考古遗址公园，保护传承古蜀文明

习近平总书记指出，文物和文化遗产承载着中华民族的基因和血脉，要让更多文物和文化遗产活起来，积极推进文物保护利用和文化遗产保护传承，挖掘文物和文化遗产的多重价值。[①]

考古遗址公园很多地处绿色公共空间，公园城市示范区建设为遗址保护利用提供了新的思路。考古遗址公园不仅是保护和展示考古成果的外在形态，而且可以结合遗址周边自然、人文资源，推动保护展示与城市生态建设、文化旅游发展相结合，建设成为一种城市文化与生态、科技、社会有机融合，面向公众、面向世界、面向未来的遗址保护利用示范区，这与成都公园城市示范区的内涵具有高度契合性。成都历史文化遗址遗存众多，利用众多公园绿道资源，将生态、科研、教育、游览、休闲等多种功能融入遗址公园建设，推动遗址保护与周边环境、城市建设融为一体，形成多元文化主题的绿色空间，使公众在日常游憩活动中认识到大遗址的文化价值，实现遗址保护和惠及民生双赢，充分发挥遗址的社会价值和生态价值，探索"生态保遗"新模式，拓展和丰富巴蜀地域文化内涵。

2022年12月16日，国家文物局发布《关于公布第四批国家考古遗址公园名单和立项名单的通知》，公布了第四批国家考古遗址公园名单和立项名单。成都邛窑国家考古遗址公园、宝墩古城考古遗址公园分别入选第四批国家考古遗址公园名单和立项名单。其中，邛窑国家考古遗址公园成为四川省继三星堆遗址、金沙遗址之后的第三个国家考古遗址公园，同时也获评了成都市首届"最美公园"。

[①] 2022年5月27日，习近平总书记在中共中央政治局第三十九次集体学习时的讲话。

公园城市

邛窑创烧于南朝，成熟于隋，兴盛于初唐，至唐末五代长盛不衰，衰于宋元之际，历时800多年。朝代更迭，岁月洗礼，随着邛窑烧制技术的精进，涌现出釉下彩、邛三彩、瓷塑、乳浊釉瓷、省油灯等独具特色的作品。作为中国彩绘瓷的发源地，西南地区规模最大的古代窑址，邛窑国家考古遗址公园已开放遗址保护展示区、邛窑烧造技艺代表性传承人工作室、制陶体验区、十方书院、散花书院等场所，兼具教育、游憩、科研等功能，成为市民群众感受巴蜀文化的绝佳场所。

以宝墩遗址为核心形成的宝墩文化是成都平原目前能追溯到的最早的考古学文化，被喻为古蜀之根。20世纪90年代以来，成都平原相继发现、发掘了一系列属于宝墩文化，年代为新石器时代晚期的古城遗址，包括新津区宝墩遗址、郫都区古城遗址、温江鱼凫村城址、都江堰芒城遗址、崇州双河城址、崇州紫竹城址等。宝墩遗址是目前考古发现确定的宝墩文化最具代表性的遗存，宝墩文化正是根据其命名的。宝墩遗址被纳入国家考古遗址公园立项名单，与其厚重的历史文化价值有密不可分的联系。宝墩遗址发现了长江上游地区最早的稻粟遗存，其发现为探讨古蜀文化起源及三星堆文明的源头提供了宝贵资料，对于研究长江流域中华文明起源和中华文明多元一体化进程具有重要意义。未来宝墩遗址将建立考古遗址、川西林盘、田园景观的整体保护体系，打造集遗址展示、考古研究、休闲观光等功能为一体的国家考古遗址公园。

除了已经获批和进入立项的考古遗址公园外，成都还大力推动其他考古遗址公园建设。其中，2023年7月20日，位于成都老城的核心区域的东华门遗址公园外场遗址区正式对外开放。东华门遗址发掘面积约4.9万平方米，主要包括战国秦汉六朝大城生活区、隋唐至两宋摩诃池池苑园林区、明代蜀王府宫城建筑群3个部分，时间跨越2300余年。

金沙、邛窑、宝墩、东华门等诸多考古遗址公园建设坚持文物保护与绿色发展相结合，生动展现了中华文明连续性、包容性等突出特性，也必将开拓出

第三章　增进公园城市民生福祉　打造城市人民宜居的示范区

中国特色社会主义文化传承发展的广阔前景。

2. 以红色资源为韵，为革命老区铸魂

习近平总书记强调，每一个历史事件、每一位革命英雄、每一种革命精神、每一件革命文物，都代表着我们党走过的光辉历程、取得的重大成就，展现了我们党的梦想和追求、情怀和担当、牺牲和奉献，汇聚成我们党的红色血脉。[①]红色资源是我们党艰辛而辉煌奋斗历程的见证，是最宝贵的精神财富，一定要用心用情用力保护好、管理好、运用好。

邛崃市作为"天府南来第一州"，是中国工农红军第四方面军建立的第四区苏维埃旧址所在地，有着悠久、厚重的历史文化及丰富的红色文化资源。这些厚重的文化该如何让更多人知晓？又该如何发挥它的铸魂育人作用，让大家从中汲取精华和正能量？成都通过充分挖掘红色文化元素，打造多种多样的红色教育基地，创新方式开展拓展培训，让红色文化活起来，看得见、摸得着、能体验，在推进红色美丽村庄试点示范建设过程中，深挖本地红色资源，开展遗迹遗址修缮、红色历史梳理和精神内核提炼等工作，努力让红色历史有址可寻、有物可看、有史可讲、有事可说，不断丰富红色美丽村庄建设内涵。

首先，修缮遗迹遗址。梳理红军战壕、哨点等32处红色旧址，结合实际制定1天班、2天班、5天班等党员干部研学培训路线，将红色历史融入党校特色课程。初步重现红军在邛崃布防活动示意图，启动红军医院旧址修缮，完成红军石磨、挑粮小道等6处场景恢复和故事挖掘，致力于让高兴村的红色物件和史料"说话"。

其次，编撰红色丛书。收集整理军事电报、赵镕《长征日记》等160余万

[①]《习近平关于社会主义精神文明建设论述摘编》，中央文献出版社2022年版，第166页。

字的史料。重点挖掘了中央红军第九军团到邛崃双柳坪相关史实，以及罗炳辉、李德生、尤太忠等红色人物故事。完成抗捐烽火席卷上川南、长征邛崃百日辉煌、刘伯承"点穴"决战邛崃、玉溪长流泽被天府、美丽高兴红色堡垒5部红色历史丛书编撰大纲及初稿。

最后，深挖精神内核。梳理高兴村经历的武装抗捐斗争、红军长征在邛崃、玉溪河引水工程修建、"4·20"灾后重建、楠木溪民宿群打造等红色史事，映照新民主主义革命时期、社会主义革命和建设时期、改革开放和社会主义现代化建设新时期、中国特色社会主义新时代四个不同历史时期，梳理出"不忘初心、艰苦奋斗，红色精神代代传"的精神脉络，进一步激发广大群众开展红色美丽村庄试点示范建设的干事热情和不竭动力。

3. 激发天府文化潜力，培育文创龙头IP

"中国最适宜数字文创发展城市"和"世界文创名城"正从目标一步步变成现实。中国互联网巨头、头部企业与IP的加速集聚，引领带动成都文创产业不断转型升级，就是精彩写照之一。随着2023年成都第三十一届世界大学生夏季运动会和世界科幻大会、2024年成都世界园艺博览会及2025年即将在成都举办的世界运动会等重大赛事、展会的顺利举办，成都的国际影响力进一步彰显，成都悠久、厚重、创新的城市文化被世界看见。

大熊猫作为成都最具标识性的文化IP，已在地球上生存了至少800万年，被誉为"活化石"和"中国国宝"。大熊猫凭借其憨态可掬的外形，在世界范围内收获了一众粉丝。不少粉丝不远万里来到成都，只为近距离感受熊猫的可爱。特别是在"顶流女明星"大熊猫"花花"的带动下，成都大熊猫繁育研究基地常年位居全国十大热门景点。四川省文旅厅发布的数据显示，2023年"五一"假期期间，共计26.4万名来自全球各地的游客参观了成都大熊猫繁育研究基地。根据去哪儿大数据研究院估算，每一张成都大熊猫繁育研究基地的门票，能够

第三章　增进公园城市民生福祉　打造城市人民宜居的示范区

带动高达 1450 元的交通、住宿、餐饮消费。

成都大熊猫繁育研究基地每天早上 7 点 30 分开放，很多游客为了尽早看到"花花"，选择提前过来排队，早上 6 点多，基地门口就已经排上了长长的队伍。部分已经顺利进入基地的"花粉"，为了能在最佳观赏位置欣赏"花花"，不惜顶着中午的烈日，在"花花"午休的时间原地等待两个小时。然而，一切的付出在"花粉"看来都是值得的，慕名而来的游客纷纷表示，即便花费几个小时，只要能够看到"花花"一眼也就心满意足了。

为什么"花花"会如此招人喜欢，并成为国宝大熊猫界的"顶流"呢？

首先，"花花"堪称熊猫界的颜值担当，具有超高的辨识度，一眼看过去，就能够轻松辨别出"花花"。其次，"花花"性格温顺，非常亲人，她与谭爷爷间的互动就是最好的证明，很多网友也是在谭爷爷一声声"果赖（过来）"中初识"花花"的。最后，被别的小伙伴"抢食"几乎成了"花花"的日常，刚刚剥好一根竹笋就被抢走这种事情时有发生，更是激发了无数网友的爱怜之心。不少网友甚至表示，"花花"有助于缓解自己焦虑的情绪，是他们开心的源泉。

在 2023 年成都大运会期间，国宝大熊猫更是起到了增进国际友谊的重要作用，各国代表团纷纷前往熊猫基地打卡，并通过社交媒体向全世界人民传播大熊猫可爱的形象。以大熊猫为代表的成都文创 IP 不仅能带动地方经济，拉动产业发展，更无形更宝贵的价值，是提升城市国际知名度和美誉度。

随着"花花"和"熊猫 IP"的持续走热，"花花"和她的"亲朋好友"也成为拉动消费、刺激经济的重要引擎。值得注意的是，"熊猫 IP"不仅在成都大熊猫繁育研究基地有所体现，更是早已深入了成都的大街小巷。在远洋太古里，IFS 楼顶的爬墙熊猫是游客必打卡景点之一；大运会期间试演的舞剧《大熊猫》，进一步擦亮了成都的"熊猫 IP"；成都熊猫邮局新推出的"花花果赖"明信片、贴纸，让旅客能够和亲朋好友一同分享熊猫的可爱；即便是快要离开成都时，机场里随处可见的熊猫周边、熊猫造型，也会让游客们流连忘返。

斌升街熊猫文化墙（韩杰 摄影）

第三章　增进公园城市民生福祉　打造城市人民宜居的示范区

（二）推进世界旅游名城"加速跑"

1. 夜游锦江网红"打卡"

"打卡"作为现代人喜爱的一项活动，在成都显得尤为活跃。数据显示，2020年在抖音发布带有成都POI的视频人数超过790万人次，视频总数超过2600万条，而这些视频最终被观看超2000亿次。[①]

"夜游锦江"也成为这座城市的必打卡项目之一。坐在乌篷船中从339成华公园码头到合江亭，聆听着古乐与潺潺流水，再顺江而下欣赏沿岸美轮美奂的光影秀已经成为网红打卡项目。一路游船会经过菩提秀、码头故事、十二月市、建筑光影秀、帆船秀、水幕喷泉、合江亭、廊桥。锦江夜景以河堤为画布，在光影长廊的引领下，锦舟巡游、锦江水肆、水幕锦江等一一亮相，在合江公园亲水平台的锦江水肆里，潮玩、咖啡、鲜花、AR体验等业态构建了成都首个水上美学市集。锦江夜游串联起的都市休闲、东门集市、闹市禅修、锦官古驿四大片区，绘制出老成都、蜀都味、国际范的生活美学地图，再现了"濯锦江边两岸花"的神仙日子，氤氲出公园城市的丝丝温情。

2024年跨年夜的锦江之畔，不仅有星河入梦这个仪式感满满的特色主题活动，还围绕"烟火蓉城·浪漫锦江"主题推出多码头联动活动。成华公园码头、夜游龙门阵·成都城市艺站的精彩演出让人流连其间，还有锦江雅聚、汉服巡游、潮玩市集等令人赞叹不已；与紫薇园码头隔江相对的望平坊聚拢着成都最美烟火，市民游客可以在望平坊感受成都地道烟火气，然后在紫薇园码头乘船

---

① 《巨量引擎发布城市报告：成都"她经济"成主力》，凤凰网-财经，http://finance.ifeng.com/c/850kPA5uA3H。

公园城市

顺流而下，体验点点星河入梦来的浪漫。

一盏盏五彩斑斓的灯球随波浮动，每一盏灯球上都有一个关于2024年的期许。"2024，我们都要好好的""2024，希望工作顺顺利利""2024，希望完成一场说走就走的旅行""2024，山河无恙，家国皆安""2024，愿家人朋友都能所得皆所愿"，等等，一个个或朴实或简单或诚挚的心愿背后都隐藏着对2024年幸福美好生活的憧憬。

2. 十二月市古今贯穿

正月灯市、二月花市、三月蚕市、四月锦市……《成都古今集记》明确记载了成都十二月市的古市集风貌。这种兼具自然时节特点与文化传统内涵的高度发达的商业文明，催生世界首张纸质货币交子在成都诞生，是巴蜀文化、天府文化发展高峰期的鲜明标志之一。历史洪流推动发展的巨轮，如今成都依然是全国重要的商业中心，十二月市也焕新归来。

成都商业自古繁荣且经久不衰。《成都记序》有记："江山之秀，罗锦之丽，管弦歌舞之多，伎巧百工之富。"这些记载描述了古代成都的消费盛况。如今，正在打造国际消费中心城市的成都消费需求更为多元，消费场景更为多样，消费供给更为丰富。也正因为如此，"新十二月市"才能增加有效供给，为成都消费提供更丰富的元素。

十二月市最大的特点就是"一月一主题"的消费活动，导向十分鲜明。面对新的多元消费需求，成都增强对"新十二月市"IP的推广，以各类主题性活动为场景来引流消费，营造绿色低碳消费、数字消费、品牌消费为主的消费新风尚。涵盖购物、文旅、美食、赛事、展览等多领域促消费内容。聚焦"新十二月市"消费潜力，成都展开一系列创新探索，展示"天府韵"和"国际范儿"。利用文殊坊、宽窄巷子等历史文化街区，成都打造"新十二月市"主题消费场景，通过植入舞台剧、剧本杀等活力业态，创造沉浸式场景让"新十二月

第三章　增进公园城市民生福祉　打造城市人民宜居的示范区

猛追湾十二月市（韩杰　摄影）

市"可体验、易感知；以文化艺术为情感纽带，串联起各个主题消费场景，起到消费潜力最大化释放的效果。

3. "火锅串串"地标效应

提起成都大家通常会不由得想到火锅、麻将、大熊猫，而广受欢迎的依旧是成都的美食。作为被联合国认定的世界美食之都，火锅、川菜和烧烤占据成都美食打卡前三名。

新都区的天府沸腾小镇呈现了成都餐饮业的繁荣景象。日间，庭院绿地和湖畔熙熙攘攘；入夜，人声鼎沸、灯火通明，名副其实地诠释了"沸腾小镇"的称号。玛歌庄园作为天府沸腾小镇的标志性景点，引领着小镇的风貌。这个

公园城市

正在发展中的小镇以夜食、夜秀和夜色三大特色著称，夜食代表了其火锅文化；夜色则描绘了迷人的夜间景观，湖边的灯光工程绚烂夺目；夜秀涵盖了各种表演，包括舞台、游船和音乐演出。在这里，"火锅+"的概念不断创新，传统火锅融入园林湖畔、亭台、树屋、吊脚楼、灯光艺术和水幕电影等古今元素，四川音乐学院甚至在此设立实训基地，定期举办文艺表演，为游客带来全方位的感官享受。

新津区的安西镇，作为成都周边的赏荷胜地及鱼头火锅的发源地，将荷花节和鱼头火锅节合并举办，融合了荷花的柔美和火锅的热烈，形成了独特的安西韵味，既有生活的烟火气，又带有诗意的仙境感。

在成华区，新型火锅更是激活了"工业遗产"。二仙桥公园的"火车火锅"以其废弃铁轨、陈旧车厢等元素成为热门打卡地，也是成都首个以铁路遗迹为主题的公园。成华区利用东部工业遗址，挖掘工业文明历史，结合川味火锅，创建了一系列工业风格的新派火锅餐厅，如K160火车火锅和大妙东郊记忆店，赋予老工厂和老机车新的生命力。

郫都区安德街道的川菜小镇味道中心——蜀香183街区汇聚了陈麻婆豆腐、清流王板鸭等多家非物质文化遗产商家，热闹非凡，充满了人间烟火气和生活气息。场景营造产生新的消费动力，在文旅产业创新中，成都跑出了别样的精彩。

（三）点亮世界赛事名城"高光灯"

1. 燃情大运会奠定"黄金主办城市"基调

2017年底，成都宣布打造世界赛事名城，与世界文创名城、世界旅游名城、国际美食之都、国际音乐之都和国际会展之都共同塑造世界文化名城的当代形象。2018年12月，成都成功申办第三十一届世界大学生夏季运动会，标志着世界赛事名城建设的重大进展。近年来，成都以筹备大运会为契机，秉持办赛、城市建设、产业发展和民生福祉并重的理念，大力发展体育事业和体育产业，世警会、世大会、世乒赛、世运会、世园会、汤尤杯等赛事相继落地。一个月时间内国际篮联、国际铁人三项联盟这两个国际奥委会旗下的国际体育组织分别授予成都"黄金主办城市"称号。成都在全球独享此殊荣，世界赛事名城建设已驶入快车道。

随着国际赛事的举行，成都也跟随着电视镜头和网络热搜一次次走向了世界。成都赛事团队通过每年度的国际赛事，巧妙地将熊猫、火锅、川茶、川剧等四川文化和旅游特色融入赛事，同时策划校园行、青少年公益活动、天府绿道活动等"体育+文化+旅游"的办赛模式，深受群众赞许。

创新，是成都体育规划中出现频率最高的字眼。创新健身服务产品、创新提升体育产业发展环境、创新推进校园体育品牌发展、创新推动融合发展协同发展、创新推动体育服务促进体育事业发展。成都消费运用市场机制，探索建立政府引导、社会资本共同参与的体育产业投资基金，同时，注重运用金融税费、土地人才、营商环境等要素和保障等方面的措施，全方位支持和引导体育产业发展。鼓励体育企业向天府奥体城、东安湖体育中心、凤凰山体育中心、龙泉山城市森林公园、天府绿道、体育产业功能区等重要载体集聚发展，构建具有成都优势和特点的体育产业生态圈，推动成都体育产业加快发展，助推世界赛事名城建设进程。

2. 凤凰山雄起昭示"金牌球市"回归

1995年11月19日，中国足球甲A联赛出现经典一幕。当年，四川队迎来一场不容有失的"生死战"，原本只能容纳4万人的成都体育中心涌入6万观众。四川队在全场球迷助威下成功保级，成为无数四川球迷难以忘怀的记忆。满面

公园城市

春风的甲A时代如白驹过隙，21世纪初疲软的球市让中国职业联赛又回到了起点。经过多年的沉寂，四川足球强势回归，一举跃升至中超联赛的最高级别。在2022年12月31日的赛季末比赛中，共有37928名观众涌入球场，超越了12月23日凤凰山中超主场比赛吸引的31518人，创下了新的月度纪录。2023年新赛季初，成都凤凰山专业足球场的前两个主场比赛分别吸引了39686人和38655人，分别在第二轮和第五轮中成为中超上座率之冠。即使在工作日的第三个主场比赛中，凤凰山也迎来了39853名热情的球迷，刷新了场地纪录。

凤凰山球场热情的球迷（韩杰 摄影）

第三章　增进公园城市民生福祉　打造城市人民宜居的示范区

值得注意的是，这场激情四溢的足球热浪不仅点燃了老球迷的热情，还吸引了一大批新球迷。本赛季的主场活动中，除了传统的"雄起"口号，还有各种创新的球迷文化，如比赛后的万人合唱《成都》和 *Hey Jude*，门票在短短十几分钟内售罄，甚至在母亲节当天，球迷自发组织献花活动，营造出的热烈气氛使得更多市民主动参与到观赛之中，展示了成都足球"扩圈"的力量。俱乐部大巴车上的标语"FOR BETTER CITY"（为更好的城市而战）象征着"金牌球市"的复兴，它对重塑中国足球的形象和优化行业布局的影响，或许比比赛成绩更为深远。

民生无小事，枝叶总关情。这一年，在成都街头走一走，公园城市的万千气象让人惊艳。成都牢记习近平总书记提出的"增进民生福祉是发展的根本目的"殷殷嘱托，不断将广大市民群众更多的"期待感"转化为"获得感"、"认同感"和"幸福感"，公园城市的品质生活不断升温。我们共同期待未来公众视野中能出现更多国际范、蜀都味的"回家的路"社区级绿道，充分展示公园城市建设给市民回家的路、上班的路、上学的路带来的美学变化，向世界展示成都园中建城、城景共融的美好画卷。

都江堰

第四章

激发公园城市经济活力
打造城市人民宜业的示范区

  自古以来,成都就是商贾重地,具备极强的经济活力。唐《元和郡县志》称:"扬州与成都号为天下繁侈,故称扬、益。"宋《资治通鉴》直截了当地指出:"扬州富庶甲天下,时人称扬一益二。""扬一益二"之说,也让成都的繁荣广为天下人所熟知。在成都第三十一届世界大学生夏季运动会开幕式欢迎宴会上,习近平主席更是明确指出,拥有2300多年建城史的成都因海纳百川、兼容并蓄而始终保持经济发展、文化繁荣。在以中国式现代化全面推进中华民族伟大复兴的宏伟蓝图中,成都作为国家中心城市、成渝地区极核城市、四川省会城市,在营造宜业优良环境、激发经济活力方面进行了大量有益探索,经济高质量发展的基础进一步筑牢,源源不断的经济活力持续迸发,经济发展的成果更加公平地惠及全体人民,城市人民宜业的示范区正加速形成。

公园城市

一、筑基：九层之台，起于累土

中国的发展毫无疑问是人类历史上最伟大的经济奇迹之一，兼具了长期、持续、快速、平稳等特征。然而随着经济社会的不断发展，我国已由高速增长阶段转向高质量发展阶段，党的二十大报告明确提出，高质量发展是全面建设社会主义现代化国家的首要任务。高质量发展意味着曾经的粗放式发展模式难以为继，必须向集约式发展转变，这就要求我们持续推动对外开放，筑牢绿色发展本底，提升高端要素、核心资源集聚能力，筑牢基本盘，更好赋能经济社会高质量发展。

成都作为中西部地区经济基础最为雄厚的城市之一，始终坚持筑牢经济高质量发展基础，聚焦健全工业立市制造强市体制机制，推进重点产业建圈强链，深化园区综合体制改革，大力开展"优化提质、特色立园、赋能增效、企业满园"行动，深入推进金融科技创新监管、普惠金融服务乡村振兴等国家试点，优化调整"空间、产业、交通、能源"四大结构，深化源头治理、扩大绿色供给、增强人口经济承载力，已形成了万亿级电子信息产业和10个千亿级产业集群，现代化产业体系加快构建。

第四章　激发公园城市经济活力　打造城市人民宜业的示范区

（一）厚植高质量发展本底

1. 优化交通体系，畅通绿色出行

随着经济社会的不断发展、工作生活节奏的不断加快，采用城市轨道交通、公共交通、自行车和步行等相结合的出行方式，已经成为多数城市居民的日常出行首选。多种交通方式的有效组合，不仅提升了城市通勤效率，便捷了居民的日常生活，还为推动绿色发展、筑牢公园城市绿色本底创造了有利条件。

为进一步满足人民群众日常出行需求，持续推动绿色发展，成都市将优化交通结构作为重点发力点，坚持"轨道引领、公交优先"，构建"轨道＋公交＋慢行"绿色交通体系，实现了轨道交通、公共交通、步行等多种绿色出行方式的有效联动与无缝对接，让出行不再是简单的位移，更将公园城市的绿色本底蕴藏其中。

目前，成都市的绿色交通体系已经日渐成熟。以轨道交通为例，2023年11月28日，成都轨道交通19号线二期开通初期运营，这标志着成都轨道交通线网运营里程突破600千米，跃居国内轨道交通"第四城"，仅次于北京、上海和广州。不断织密的轨道交通体系极大地方便了市民游客的出行需求。2023年中秋国庆假期前一天，成都轨道交通的单日客运量更是创纪录地达到了783.92万人次。

在道路交通方面，成都已初步形成"环＋射"的快速路骨干和快、干、支协同的路网体系，上百处困扰居民出行的"断头路"问题被有效解决，极大地方便了群众出行需求。以位于成都高新区与天府新区交界区域的定安路为例，曾由于施工障碍，一直没有形成通车能力，"绕行"问题长期困扰着周边的居民，"断头路"打通后，新川片区与万安片区间的交通更加通畅，"绕行"问题得到有效解决，也为节能减排、厚植公园城市绿色本底提供了有力支撑。

105

天府绿道上骑行的市民（韩杰 摄影）

第四章　激发公园城市经济活力　打造城市人民宜业的示范区

"最后一公里"这一交通出行难点，在成都同样得到了较好的解决。《2022年中国主要城市共享单车/电单车骑行报告》显示，成都共享单车平均服务通勤人口占比超过90%，便捷的共享单车服务已经成为成都市民解决"最后一公里"的常态化选择。

未来，成都将持续优化交通体系，并将之与"幸福美好生活十大工程"有机融合，在以绿色出行方式筑牢公园城市高质量发展本底的同时，持续丰富居民出行选择，满足居民多样化出行需求。

2. 优化能源结构，筑牢绿色根基

众所周知，能源是国家经济发展的命脉，是推动高质量发展的重要支撑。但是容易被大家忽视的一点则是，能源还是推动绿色转型、助力高质量发展的主战场。

近年来，成都积极调整优化能源结构，成都市第十四次党代会更是明确提出，着力优化能源结构，加快构建以绿色能源为主体的新型电力系统，实施清洁能源替代攻坚，推进源网荷储一体化和多能互补，推动能耗"双控"向碳排放总量和强度"双控"转变。成都市对能源结构的持续优化调整，为城市的发展筑牢了绿色的根基，相关工作所取得的成效也在第三十一届世界大学生夏季运动会中得到了充分的体现。

2023年7—8月，第三十一届世界大学生夏季运动会在成都顺利举办，来自世界各地的青年大学生运动员代表相聚成都，共同为全世界体育爱好者贡献了一场场精彩纷呈的体育赛事。中国代表团凭借103枚金牌、40枚银牌和35枚铜牌的优异表现，赢得了来自全世界的喝彩。

除了完善的体育场馆设施、热情的志愿者服务工作，第三十一届世界大学生夏季运动会还有一个突出亮点，就是"绿色、节俭、必须"的办赛原则和绿色低碳的办赛方式，这都与成都市持续推动城市绿色低碳发展不谋而合。

公园城市

东安湖体育场多功能运动场馆（韩杰 摄影）

世界大运公园外景（韩杰 摄影）

首先，保供能力全面提升。在开幕式电力保障方案和标准方面，成都大运会对标北京冬奥会，将竞赛场馆和开闭幕式场馆等49个场所纳入大运会重点保电范围，将126座220千伏及以上变电站和361条输配电线路列为重点保供设施，实现了保供能力的全面提升。同时，以成都电网"蓉耀工程"为牵引，实现了近年来规模最大、范围最广的供电能力提升，在有效保证大运会用电需求的同时，助力2025年成都市非化石能源消费占比超50%这一战略目标的实现。

其次，清洁能源大显身手。发电玻璃节能高效、地源热泵清洁用能、环保火炬零碳燃烧，清洁能源在此次大运会中的应用无处不在。以此次大运会火炬"蓉火"的内部燃烧系统为例，该系统以前沿航天动力技术为支撑，创新运用多级强化流动预混燃烧、催化蓄热等前沿设计理念，结合全周期碳中和型生物质丙烷燃料，实现了火炬燃烧的高可靠性和高清洁性。这也成为清洁能源在成都大运会众多应用中的一个缩影。

最后，绿色低碳应用场景持续丰富。从筹办到举办，成都市充分借力大运会这一国际重大赛事，丰富新能源应用场景，加速新能源设施场景深度融合，对全市能源结构调整起到了重要的助推作用。例如，作为此次大运会水球项目的比赛场馆，新都香城体育中心建设了蔚来二代换电站，作为成都目前最大的充换电一体站项目，单站电池数量达到13块，每日最高可完成312次换电，且整个过程无需人员操作，先进的生命体征监测系统能够确保换电流程的安全可靠。

（二）筑牢现代化产业体系根基

1. "立园满园"：促进全市产业园区高质量发展

产业园区是集聚科技创新资源、促进产业转型升级、实践开放改革创新、提升城市风貌水平的试验田和先导区，是发展新质生产力和引领全市经济高质

公园城市

量发展的主阵地、主战场。党的十八大以来，以习近平同志为核心的党中央高度重视产业园区建设发展，作出系列重要指示，为新形势下做好园区工作提供了根本遵循和行动指南。四川省委着眼推进新型工业化、加快建设现代化产业体系，明确要求高质量建设现代产业园区，推动各类市场主体蓬勃发展、竞相成长。近年来，成都全市上下以产业建圈强链引领园区发展，重大项目加快建设、产业规模加快壮大、设施配套加快完善，各项工作取得良好成效，为园区高质量发展奠定了坚实基础。

世界各国的发展经验表明，产业是经济之本、发展之基，构建现代化产业体系，就必须坚定不移做强产业园区。美国硅谷建立于1951年，到1998年，硅谷地区获得的投资已经占了美国信息技术投资的三分之一以上；新加坡裕廊工业区成立于1961年，并逐渐发展成为产业多元、功能完备成熟的城市化区域，在新加坡的崛起中作出了巨大贡献。从20世纪90年代开始，成都的园区建设拉开序幕，一批国家级、省级和市级园区先后设立并快速发展，以成都高新区为代表的产业园区为成都攀上经济总量2.2万亿元的新台阶作出了巨大贡献，目前成都拥有各级各类产业园区90余个，其中开发区贡献了全省开发区30%以上的营业收入，40%以上的税收收入和80%以上的进出口额，充分发挥了排头兵的作用。

以高新区AI创新中心为例，园区交通便利，与周边多个高科技园区紧密相连，是成都高新区人工智能产业的标志性项目。园区不仅为企业提供了优质的基础设施，还积极搭建培养创新型企业的"苗圃"，帮助创业团队在园区推广产品、开展合作，帮助企业获取首批客户资源及用户反馈，为产品正式推向市场前做好充分准备。目前，AI创新中心一期已吸引包括新华三成都研究院、中移5G产业研究院、鼎桥通信、绿盟科技、安恒信息、智元汇、中科创达、快手、燧原科技、海光集电、卓胜微电子、龙芯中科、华西精创等100余家行业知名企业入驻，聚集人才14000余人，是当之无愧的中西部AI产业新高地，为成都市经济社会高质量发展注入了强劲动能。

为进一步贯彻习近平总书记对四川工作系列重要指示精神、对国家级经济技术开发区工作重要指示精神，全面落实党的二十届三中全会精神，成都系统谋划全市园区高质量发展，在全市国家级、省级开发区和市级产业园区开展"优化提质、特色立园，赋能增效、企业满园"行动，打造一批产业特色鲜明、"四链"深度融合、竞争能力突出、运行机制高效的现代化产业园区，推进特色优势产业迭代升级、战略性新兴产业培育壮大、未来产业前瞻布局，为加快构建现代化产业体系提供有力支撑。

2. "绿色低碳"产业生态圈：推动绿色低碳发展

在很多人看来，产业发展一定会存在高耗能、带来高污染，产业发展和绿色环保似乎是相互对立的，且产业发展越好，对自然环境的损害越大。然而，作为公园城市示范区和国家低碳试点城市的成都，却在产业发展和绿色生态本底之间找到了平衡。成都坚定不移地探索构建绿色低碳生态圈与产业链，形成了产业高质量发展与公园城市绿色本底共生共荣的美好景象。

以成都巴莫科技有限责任公司为例，公司在成都金堂挂牌成立的时候，就定下了年销售收入200亿元的远大目标。在当时看来，一家注册资本2亿元的公司要实现这一目标非常困难。然而，经过多年的发展，公司已经建成年产10万吨正极材料的产业化基地，也成功实现了200亿元的销售收入目标。2022年4月，成都巴莫科技有限责任公司获得国际权威机构SGS颁发的达成碳中和宣告核证声明证书，这意味着成都诞生了全球首家达成"零碳"目标的正极材料生产基地。

成都巴莫科技有限责任公司的成功是成都坚持发展绿色低碳产业的缩影。在整个生产过程中，公司始终对产品原材料严格把关，坚持使用无毒害物质，为进一步确保原材料的环保性，公司坚持做好供应商管理工作，持续对供应商进行审核。此外，公司运用先进的生产工艺和高效的节能设备，在生产过程中实现了能源低碳化，极大地降低了能耗，提升了生产效率。

除企业自身合理的战略规划与高效管理外，地方政府的引导与服务同样非常重要。项目节能审查和环境影响评价制度的建立、全过程能耗在线监测等制度的建立，都对产业的绿色化发展与转型起到了至关重要的作用。

有为政府和有效市场的结合，使得成都市绿色产业发展尤为迅速。在成都，像成都巴莫科技有限责任公司这样的企业正如雨后春笋一般迅速成长。在工业和信息化部公布的2022年度绿色制造名单中，成都有18家企业上榜，包括16家绿色工厂、2项绿色设计产品，数量居全省前列。

2023年4月，《成都市产业建圈强链优化调整方案》正式发布，标志着成都将继续调整优化产业结构，并在包括绿色低碳在内的8个产业生态圈内重点发力，一张"绿色"产业地图正在成都徐徐展开。

3.电子信息产业：成都首个万亿元产业集群

当前，新一轮科技革命和产业变革正在重构全球创新版图、重塑全球经济结构，处于此次变革核心地位的电子信息产业已经成为世界各国抢占发展制高点的战略选择。推动电子信息产业实现高质量发展，对于提升我国在全球价值链中的地位具有重大意义。

2020年，成都电子信息产业规模首次突破万亿元大关，达到10065.7亿元，成为成都首个万亿元级产业。[1]近年来，成都市电子信息产业发展势头良好，预计到2025年，该产业营业收入有望突破1.5万亿元。电子信息产业已经当之无愧地成为成都市的优势产业与支柱产业。

---

[1] 《2020年成都电子信息产业规模达到10065.7亿元》，界面新闻，http://www.jiemian.com/article/5620760.html。

第四章　激发公园城市经济活力　打造城市人民宜业的示范区

在此背景下,成都市把握成渝地区双城经济圈建设时代机遇,聚焦电子信息产业生态圈和集成电路、新型显示、智能终端3个重点产业链,持续推进产业建圈强链,在推动区域经济实现高质量发展的同时,为加快构建现代化产业体系贡献了成都力量。

随着成都电子信息产业的不断发展壮大,越来越多的优质企业选择落户成都。2022年7月,深圳市金邦科技发展有限公司将总部搬迁至成都高新区,这一规模高达近30亿元的投资项目,从项目对接到项目落地,仅用时不到一个月;并且,金邦科技建设的金邦存储研发生产总部基地项目将作为企业未来上市规划的主体公司,这表现出了企业同成都市共同成长、共同发展的决心。

金邦科技之所以选择落户成都,与成都市近年来围绕产业建圈强链进行的一系列布局密不可分,这些布局与规划在为加快构建现代化产业体系注入强劲动能的同时,也为诸如金邦科技等市场主体提供了大显身手的舞台。就服务器内存条而言,目前国内需要大量依靠进口,金邦科技则具备该项产品的设计与量产能力。与此同时,金邦科技选择在成都投资与成都建设中国"存储谷"的战略布局高度契合,该项目的落地既能够提升企业自身在相关领域的市场竞争力,又能够进一步提升成都市电子信息产业能级,可谓是双向奔赴、合作共赢。

在成都市持续推动电子信息产业建圈强链的背景下,和金邦科技一样选择来成都落户的企业越来越多,如今,成都已经成功聚集英特尔、京东方、华大、华为海思等多家行业龙头企业。在持续引进龙头企业、链主企业的同时,成都坚持开展围绕龙头企业的强链补链工作,产业链的整合力、供应链的掌控力和创新链的溢出力持续提升。以京东方为例,近年来,企业不断加码对成都的投资,2024年1月,作为国内首条、全球首批高世代AMOLED生产线,京东方第8.6代AMOLED生产线项目开工,总投资约630亿元,是四川省迄今投资体量最大的单体工业项目,有望推动我国新型显示行业实现从"跟跑"到

公园城市

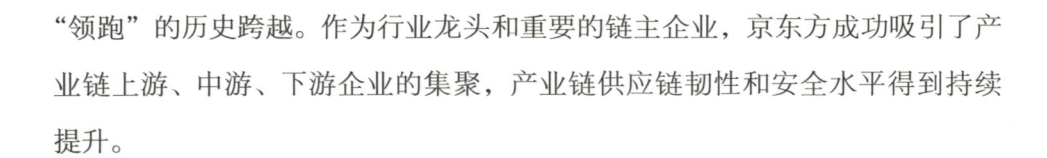

"领跑"的历史跨越。作为行业龙头和重要的链主企业，京东方成功吸引了产业链上游、中游、下游企业的集聚，产业链供应链韧性和安全水平得到持续提升。

（三）筑牢金融根基，畅通金融血脉

1. "农贷通"：高效服务实体经济

金融是现代经济的核心。进入现代社会，几乎所有的生产活动都离不开金融的有力支撑，金融服务实体经济的能力也成为决定高质量发展成效的关键变量。然而，受制于农村产权不明晰、借贷双方信息不对称、涉农贷款风险大等问题，长期以来，农村金融都是金融服务的短板弱项，金融资源无法有效触达

天府粮仓（王胡林 摄影）

第四章　激发公园城市经济活力　打造城市人民宜业的示范区

农业生产主体这一问题长期存在，严重制约了农业农村的高质量发展。

2022年6月，习近平总书记在四川考察时强调，成都平原自古有"天府之国"的美称，要严守耕地红线，保护好这片产粮宝地，把粮食生产抓紧抓牢，在新时代打造更高水平的"天府粮仓"。如何充分发挥金融服务农业农村的功能，让更多金融资源流向涉农生产主体，具有重大意义。

成都是全国范围内较早开始探索农村金融服务的城市之一。早在2017年，成都市政府办公厅就印发了《关于建立"农贷通"平台促进现代农业与现代金融有机融合的试行意见》，由成都市政府等多部门联合推动，在全市范围内推行"农贷通"。

"农贷通"自成立以来，经过多年的发展，功能日益完善、产品日益丰富、惠及对象日益壮大，成都及周边地区的涉农金融服务水平得到了实质性的提升。截至2024年3月末，"农贷通"入驻合作机构达77家，已服务用户达13.95万户，发放贷款5.13万笔，累计金额超597亿元，已然成为成都地区农业生产主体获取金融服务的第一选择。[1]此外，在"农贷通"服务质效不断提升的同时，成都还不断推动"农贷通"在周边城市及地区的普及与运用。以资阳为例，截至2024年3月末，"农贷通"平台已经在资阳发放贷款30笔，共计686万元。[2]可以说，"农贷通"已经成为成都市金融产业改革最鲜明的名片之一。

"农贷通"的探索与推广，不仅让农业生产主体享受到了金融服务的便捷，筑牢了乡村振兴与"天府粮仓"的金融根基，同时，平台还创造了大量的就业岗位，为员工提供了实现自我价值的舞台。以平台招聘的联络员为例，虽然联

---

[1] 资料来源：笔者采集的截至2024年3月31日成都农贷通官网（https://www.ndtcd.cn/#/index）实时数据。

[2] 资料来源：笔者采集的截至2024年3月31日成都农贷通官网（https://www.ndtcd.cn/#/index）实时数据。

络员需要时常往返于不同的村镇，但通过自己的付出，让普通老百姓获得便捷、优质的金融服务，享受到国家的惠农政策，也让联络员们在辛苦工作的同时，实现了人生价值。

2. 数字人民币：更好满足人民群众需要

2020年4月，中国人民银行公布了首批4个数字人民币试点地区和1个场景，成都位列其中。2021年12月，《成渝共建西部金融中心规划》印发，其明确提出支持成都稳步推进数字人民币试点，开展数字人民币研究及移动支付创新应用，拓展数字人民币应用场景。

数字人民币作为数字经济时代重要的基础设施之一，不仅关系到每一个中国居民的日常生活，还具有维护国家金融安全的重大意义。作为数字人民币第一批试点城市之一，成都积极探索数字人民币应用场景，并取得了实质性的成效。

成都已在生活缴费、餐饮服务、交通出行、购物消费、政务服务等领域有序推进应用场景建设，累计开通数字人民币白名单用户超1000万个，拓展试点场景超22万个。大量应用场景的落地，极大地便捷了居民的日常生活。

以数字人民币搭乘出租车为例。自2023年7月1日起，成都市首批出租车开通数字人民币小微商户业务，这意味着无论是成都市民还是来成都旅游的境内外游客，都可以使用数字人民币搭乘出租车，这将使日常出行及其支付变得更加便捷。并且相较于使用微信、支付宝等支付方式，数字人民币具有明显优势。首先，数字人民币交易实时到账，交易更加便捷。其次，与微信、支付宝提现需要支付手续费不同，数字人民币不存在收取手续费的问题。最后，数字人民币的使用能够更好满足境外游客在成都的出行需求，这对于满足大运会期间国际游客的出行需求意义重大。

除满足人民群众日常生活支付需求以外，部分数字人民币的应用场景还有助于解决某些长期存在的经济社会问题。2022年8月，天府国际生物城与中国建设银行高新支行合作，开展数字人民币支付农民工工资应用场景，以期切实保障农民工基本权利，让农民工按时足额领到工资。此外，中国银行联合成都市教育局等多部门打造的教培行业数字人民币预付资金管理项目，能够实现资金监管、一课一销、到期退款等功能，这一数字人民币应用场景的落地有助于更好保障消费者的基本权利。

3. 天府金融风险监测大脑：有效防范金融风险

防范金融风险是金融工作永恒的主题。纵观人类历史，金融风险的集聚与爆发，极有可能诱发经济危机，并严重损害人民群众的财产安全。要想避免类似风险事件的发生，就需要对金融风险进行常态化监测，并及时处置潜在风险，避免风险的进一步集聚与扩散。因此，金融风险监测事关全局，更关系到每一个家庭与居民。

近年来，云计算、大数据、人工智能、区块链等前沿技术风起云涌，对于金融风险的监测与防控起到了"双刃剑"的作用。一方面，复杂技术在金融领域的应用，增加了风险识别的难度；另一方面，相关技术在金融监管领域的应用，有助于更加及时、准确地识别金融风险、化解金融风险。

为提升金融风险识别、防范能力，成都市围绕金融风险预警、行业综合监管、金融科技服务布局天府金融风险监测大脑，运用云计算、大数据、人工智能、区块链等前沿技术打造全国领先的地方金融系统。

2020年底，天府金融风险监测大脑一期建设完成，并于2021年全面推广运行。在3年的时间内，天府金融风险监测大脑不断优化升级，功能日益完备，形成了"一个云平台、四大应用群、一个中心"的一体化系统架构设计。目前，该系统能够有效识别与监测全市300家地方金融组织、200万家工商企业的潜在风险，成为成都市监测、排查金融风险的重要抓手。

此外，考虑到金融风险具有易于传导、易于扩散的特征，孤立地识别某一个城市的金融风险还不足以有效防范化解金融风险，成都还将天府金融风险监测大脑推广至德阳、眉山、资阳等周边城市。这有利于构建成德眉资一体化的金融风险防控体系，对于推动成都都市圈建设具有重大意义。

第四章　激发公园城市经济活力　打造城市人民宜业的示范区

二、活力：开放通道聚动能，创新创业焕新机

长期以来，不同国家和地区的企业和产业之间形成了紧密的经济联系。在科技进步等因素不断推动下，全球范围新技术、新产业、新业态、新模式层出不穷，产业链、供应链、价值链网络将更加复杂。构建开放型世界经济有助于各国分享知识、技术和经验等，更好地利用资源和实现优势互补，进而促进全球科研和技术创新，提高经济效益，最终促进全球经济的增长。

成都作为中西部开放新高地，始终坚持激发创新动能，加快建设西部（成都）科学城、成渝（兴隆湖）综合性科学中心，国家级科技创新平台达到146家，全球创新指数排名提升至第24位；[1]始终坚持释放枢纽势能，天府、双流两个国际空港高效协同，成功晋升中国内地"七千万级航空城市俱乐部"，成为继上海、北京、广州之后，我国内地第四个年航空旅客吞吐量突破7000万人次的城市；始终坚持人才主体地位，深入开展"蓉漂人才矩阵"行动，新增科技领军人才982人，新落户青年人才6.9万人，连续5年获评"中国最佳引才城市"。

---

[1] 《2024年成都市政府工作报告》，成都人民政府网站，https://www.chengdu.gov.cn/gkml/cdsrmzfbgt/zfgzbg/1205093550589476864.shtml。

公园城市

（一）枢纽通道建设彰显开放活力

1. "两场一体"：大力发展航空枢纽经济

成都，这座城市的航空业发展势头强劲，其在全国民航版图中的地位举足轻重。除已经实现超 7400 万年旅客吞吐量的出色客运能力以外，成都的两座国际机场还具备非常强大的货运能力。数据显示，2023 年两座机场共计实现货邮

天府国际机场 T1 航站楼（韩杰 摄影）

吞吐量77.1万吨，同比增长26.1%。随着客运、货运能力的持续提升，成都正在吸引越来越多的游客、汇聚越来越多的商品服务贸易，经济活力持续提升，也为成都积极服务和融入新发展格局提供了强有力的支撑。

临空经济区是一种以航空交通枢纽为核心，结合高效运输系统，提供高效能、高品质和高附加值的产品与服务的创新经济模式，特别聚焦于航空运输业、高端制造业和现代服务业的集约式发展。这种经济形态是民航业与地方经济深度交融、共同驱动和提升的关键载体。

全球范围内，诸如美国孟菲斯这样的城市，凭借其全球最大的专业货运机场，成功催生了包括生物制药、仓储物流和精密加工在内的产业集群。中国在20世纪90年代开始尝试临空经济区的实践，机场产权改革后，各地纷纷制定发展规划。随着民航业的迅猛发展，临空经济区在结构调整、区域经济发展中的推动作用越发显著，尤其是对于中西部地区，空港作为新型的非传统港口，对内陆地区的经济高质量发展起到了关键支撑作用。

随着成渝地区双城经济圈被提升为国家级战略，成都正致力于建设具有全国影响力的重要经济中心、科技创新中心和改革开放新高地、高品质生活宜居地。作为成渝地区极核城市，成都不断发挥航空枢纽优势，大力发展临空经济，在国际交通枢纽、新兴产业发展及重点区域开发等方面实现追赶和引领。

2.中国（四川）自由贸易试验区：增强口岸开放能力

2013年9月，上海自贸试验区正式设立。10年间，自贸试验区不断扩围发展，2017年3月，中国（四川）自由贸易试验区成立，成为推动四川省高水平对外开放、实现高质量发展的重要载体，有效推动四川实现了从内陆腹地向开放高地的转变，四川积极服务和融入新发展格局的能力持续提升。

统计数据显示，中国（四川）自由贸易试验区面积不足全省的1/4000，却为全省贡献了近1/4的外商直接投资、1/10的进出口和1/10的新设企业。[①]此外，中国（四川）自由贸易试验区还是世界知名企业高度集聚的地区，区内共计入驻104家世界500强企业，优质企业的集聚也为中国（四川）自由贸易试验区注入了源源不断的发展动能。自设立以来，中国（四川）自由贸易试验区国际影响力、投资竞争力持续攀升。

中国（四川）自由贸易试验区的成功，离不开改革创新带来的经济活力。7年来，中国（四川）自由贸易试验区下辖的三大片区充分依托各自的口岸优势，全面落实中央赋予的改革试验任务，积极推动政府职能转变，促进双向投资合作，提升贸易便利化水平，探索形成了一系列优质的制度创新成果，并有多项在国家层面复制推广。总体看来，自由贸易试验区贸易便利化水平不断提升，营商环境持续优化，经济活力被充分激发。

一方面，自由贸易试验区贸易便利化水平持续提升，市场主体各项成本持续降低。以红酒为例，以前从法国进口红酒主要采用海运的方式，运输时间长达40天。现在从法国波尔多出发的红酒，经过半天的公路运输即可到达蒂尔堡，随后通过中欧班列到达成都，大约仅需2周的时间。与原有的运输方式相比，运输时间缩短了一半以上，极大地降低了企业的经营成本，为企业的发展创造了有利条件。同样地，以四川国际航空发动机维修有限公司为例，自由贸易试验区成立后，在综合保税区内开展相关业务，能够极大地降低公司成本，修理一台发动机能节约近2周的时间和约40万元的物流成本，时间成本和资金成本的同步降低，有效提升了企业市场竞争力。

另一方面，自由贸易试验区营商环境持续优化，市场主体各项办事流程不断简化、优化。试验区成立以来，积极开展商事主体登记确认制试点改革，努

---

① 《四川自贸试验区从"试验田"走向"高产田"》，川观新闻公众号，https://baijiahao.baidu.com/s?id=1792746284053277784&wfr=spider&for=pc。

第四章 激发公园城市经济活力 打造城市人民宜业的示范区

力推动由行政许可向行政确认的转变,减少流程、增加服务,更好满足市场主体的各类需求。2021年11月,成都鸿图共聚企业管理有限公司取得了成都第一份通过登记确认制办理的营业执照。该项业务流程十分简单,仅仅花费企业2个小时的时间,远远低于企业预估的1周的办理时间。各项流程的简化为企业腾出了更多时间,让企业能够更加专注于自身的主营业务,持续提升企业自身竞争力。

随着自由贸易试验区的建设,成都依托西部地区广阔的市场,以及强大的交通通信枢纽网络,特别是成都天府国际机场、双流国际机场、中欧班列(成渝)的繁忙运行,使得成都从内陆腹地迈向开放前沿,成为跨境贸易的重要节点。跨境电商作为数字经济在国际贸易中的关键形式,满足了交易小额化、灵活化的趋势,适应了现代社会的快节奏,显著降低了国际贸易的壁垒。根据商务部发布的"2022年跨境电子商务综合试验区评估"结果,在前5批共105个跨境电商综试区中,成都跨境电商综试区首次跻身第一档"成效明显"综试区之列。[1]

四川丝路里供应链管理有限公司利用跨境电商平台拓宽海外市场,从单一的母婴产品扩展到多元类别,同时从进口转向进出口双向发展,转型为综合外贸服务平台,充分利用中欧班列的快速运输网络,提供全面服务,覆盖中国至欧洲、中亚、东南亚等地的贸易业务。丝路里作为法国邮政DPD集团在西南地区的最大合作伙伴,积极整合仓储、物流、金融、供应链等跨境电商产业链资源,助力入驻企业优化资源配置,并组织参加国内外展会,促进企业获取更多市场机会。

随着自由贸易试验区贸易便利化水平不断提升、营商环境不断优化,其吸

---

[1] 《成都跨境电商综试区首次进入全国评估第一梯队》,中国(四川)自由贸易试验区网站,http://ftz.sc.gov.cn/ftz/dtyw/2023/6/2/0ee1ad77e40249eeb5a3f860bea4a230.shtml。

公园城市

引力也在不断增强。近年来，顺丰西部总部、中国储运、厦门建发等知名企业纷纷落户，中国（四川）自由贸易试验区的能级持续攀升，经济活力被充分激活。

（二）迸发创新创业活力

1. 人才高地建设：栽下梧桐树，引得凤凰来

党的二十大报告明确指出，人才是第一资源。城市间的竞争，归根结底是人才的竞争。对于一个城市的发展而言，人才毫无疑问起着至关重要的作用，具有人才高地优势的城市更容易在城市间的竞争中占据先机。

四川省在综合考虑各区域、各市（州）的经济发展水平、人才队伍规模质量、科技创新能力等因素后，研究确立了以"1+3+N"作为主要功能布局的雁阵格局，其中"1"就代表成都。作为"头雁引领"的成都，要充分发挥核心引擎作用，加快形成全省创新人才集聚高地的主要承载区。毫不夸张地说，成都市的人才高地建设不仅关系到成都市自身的发展，还对整个四川乃至成渝地区双城经济圈建设具有重大意义。

近年来，为主动融入国家建设世界重要人才中心和创新高地的战略布局，成都市积极作为，始终把人才工作放在重要位置，推动各项工作落实落地。具体而言，成都主要从以下四个维度重点发力：第一，坚持引育并重，制定出台更具竞争力的人才政策；第二，坚持破立并举，持续深化更具牵引力的体制机制改革；第三，坚持创新驱动，不断筑强更具承载力的平台载体；第四，坚持服务赋能，全面涵养更具感召力的人才生态。

经过多年的持续深耕，成都人才工作取得了明显成效。根据成都市政府新闻办公布的数据，截至2023年7月，成都人才总量达622.32万人，居全国第4

位。人才的不断集聚，为成都的高质量发展注入了强劲动能，各项政策的落实落地，更为各类人才提供了展示自我、实现自身价值的广阔舞台。

说到成都第三十一届世界大学生夏季运动会吉祥物"蓉宝"，想必大家都不陌生。"蓉宝"机器人作为一个外形憨态可掬，同时兼具应急、翻译等多项功能的科技产物，她的诞生和成都近年来在人才领域的各项工作密不可分。

成都睿乐达机器人科技有限公司位于天府菁蓉大厦，这家公司拥有一支由高端科技人才组成的技术团队，其核心团队中近半数成员拥有博士学位，超两成为海归人才，其董事长张睿睿、首席技术官罗振军毕业于伦敦大学国王学院。公司自成立以来，快速融入数字经济发展浪潮，为成都市智慧城市的建设贡献了重要力量。

其实早在 2017 年，张睿睿就回国参加了全国创新创业大赛，并一举获得总冠军，他在机器人行业所展现出的巨大发展潜质，更是让他成为各个城市、各大企业重点关注的对象。与此同时，这次回国参赛的经历，也让他感受到了祖国对于高端人才的巨大需求和回国发展的广袤空间，于是他毅然决然地选择回国创业。

为什么会最终选择成都呢？那自然离不开成都在人才高地建设中所作出的一系列努力。成都完善的人才政策体系、对于科创企业持续的资金支持，以及对于人才自身发展的全面关怀，都成为张睿睿最终选择成都的重要原因。2018 年，成都睿乐达机器人科技有限公司正式成立。在随后 5 年里，企业的发展与城市的发展实现了同频共振、合作共赢，其设计制造的"蓉宝"大熊猫机器人也成为本次大运会上一道亮丽的风景线。

2. 西部（成都）科学城：阳春布德泽，万物生光辉

2020 年伊始，中央财经委员会第六次会议明确提出，推动成渝地区双城经济圈建设，使成渝地区成为具有全国影响力的重要经济中心、科技创新中心、

改革开放新高地、高品质生活宜居地,并要求以"一城多园"模式共建西部科学城。

2021年6月7日,西部(成都)科学城在四川成都正式揭牌。2023年4月12日,科技部等印发《关于进一步支持西部科学城加快建设的意见》,这标志着西部科学城建设进入"快车道",西部科学城的高速发展,必定会为成渝地区打造带动全国高质量发展的重要增长极和新的动力源注入强劲动能。

目前,西部(成都)科学城内,"国家实验室+省级实验室+重点实验室"的高水平实验室体系已经形成,聚焦4个方向组成的天府实验室体系整体进入实体化运行阶段;"中科系"等国家级科研机构、国家超算成都中心等国家级创新平台纷纷在西部(成都)科学城集聚。短短几年时间内,西部(成都)科学城已然成为西部地区科技创新活动的重要承载地、策源地,在以创新驱动高质量发展的同时,也为科技创新主体提供了广阔的发展空间。

2016年,陈博和王常玉回国,并在生物城创办了康诺亚生物医药科技有限公司。陈博等人之所以选择来成都进行科研工作,与成都深厚的人文底蕴、舒适的工作生活环境、充足的研发人才、良好的营商环境密不可分,这些优势共同孕育出成都培育科创企业的沃土,而西部(成都)科学城的建设,更是为科创主体插上了筑梦的翅膀。

据陈博等人回忆,创业初期是非常艰难的,到2017年春节,企业也仅仅拥有不到10名员工。但是,即便是创业初期的艰辛,也不能动摇这群科研人才的远大目标,为患者提供更多高质量、可负担的创新疗法这一远大志向始终贯穿于企业发展全过程,他们将目标锚定在自身免疫疾病药物的研发上。

功夫不负有心人,2021年,公司在香港联合交易所主板上市。从初创到上市,只用了5年时间。上市后的康诺亚生物医药科技有限公司再接再厉,持续加大研发投入力度。截至2023年,公司已自主研发一类创新药30余款,其中9项已进入临床试验阶段,多项产品的研发进度处于国内领先位置。2023年

2月,康诺亚的一款自主知识产权的核心产品、世界首创的靶向治疗肿瘤药物CMG901成功出海,并与全球顶尖医药企业阿斯利康达成全球独家授权协议。通常而言,与世界级药企谈成合作往往需要一年半甚至是更长的时间,而此次达成合作只历时半年,这也展现了该项科技创新成果的重大应用价值。

在西部(成都)科学城内,像康诺亚这样的企业并不在少数。"我搭台你唱戏",西部(成都)科学城的高速发展为科技创新主体提供了极佳的科研创新平台,也必将催生出更多优质的科技创新成果。

# 三、公平：海阔凭鱼跃，天高任鸟飞

（一）引言

党的二十大报告明确提出，维护人民根本利益，增进民生福祉，不断实现发展为了人民、发展依靠人民、发展成果由人民共享，让现代化建设成果更多更公平惠及全体人民。不同于西方国家的现代化，中国式现代化是全体人民共同富裕的现代化，只有将公平贯穿于现代化建设的始终，才能在有效激发市场主体经济活力的同时，让经济发展的成果更加公平地惠及全体人民。

成都作为中西部人口最为稠密、经济活力最为充沛的城市之一，始终坚持打造国际化营商环境，将公平贯穿于城市发展全过程，营商环境政策改革迭代至6.0版，以营商环境之"优"谋高质量发展之"进"，建立健全"进万企、解难题、优环境、促发展"常态长效机制，推动在激发经济活力、扎实推进共同富裕等领域作出许多有益的探索，获评环球时报社"2023国际化营商环境建设标杆城市"。

（二）持续优化营商环境

1. 12345 亲清在线：事事关心，事无巨细

成都是全国第三个经济总量突破 2 万亿元，第一个常住人口突破 2000 万人的副省级城市，更是拥有超 389 万个市场主体。进入新发展阶段，聚焦高质量发展，如何搭建起群众和企业同政府沟通的"连心桥"，有效解决群众和企业急难愁盼问题，充分激发城市活力，对于成都的发展至关重要。

长期以来，成都市深刻领会习近平总书记"人民就是江山"的深厚情怀，以 12345 热线为牵引，坚持诉求导向，努力服务群众和企业各项需求，取得了积极的成效。统计数据显示，12345 热线作为成都市统一受理群众和企业诉求的热线服务台，2022 年全年受理量超过 1000 万件，相较 2021 年增长近 1 倍，诉求解决率和满意率更是分别高达 94.6% 和 94.4%。在 2021 年全国政务热线服务质量评估等级排名中，成都 12345 政务服务热线等级排名为 A^+，领跑全国副省级城市。

为聚焦企业发展中存在的突出问题，打造稳定公平透明可预期的营商环境，充分激发企业生产活力，成都市 12345 亲清在线于 2023 年 1 月 28 日正式上线。该平台集"12345 助企热线""蓉易办""蓉易享""蓉易见"四大平台于一体，力争为市场主体提供便捷、优质、高效、公平的服务，真正做到让企业少跑路、少烦恼、多沟通、多受益，持续优化市场营商环境。

为切实做好针对企业的各项服务工作，真正解决企业急难愁盼问题，12345 亲清在线设有企业服务专席，针对政策咨询、问题反映、投诉举报等市场主体诉求，进行全天候接听和处理。

在接到企业来电后，平台会充分了解企业的核心诉求并进行完整准确的

公园城市

记录，随后便会形成工单，并根据工单归属反馈给相关部门，最终由相关部门进行落实。为确保问题得到及时、有效的解决，平台会对问题办理情况进行全程跟踪和全面回访。如果在回访过程中出现了企业不满意的情况，12345亲清在线会建立专门的台账，并要求承办单位继续落实。因政策等客观因素导致的难以解决的问题，则会通过"蓉易见"等形式，做好"面对面"沟通解释工作。

12345亲清在线启动以来，截至2023年10月，12345助企热线共受理企业诉求8.4万余件，较2022年同期增长5倍，且诉求解决率和企业满意率双双超过95%。除了办理线上业务，平台还在线下组织8811家企业开展近1500场"蓉易见"活动，收集整理1522条问题建议，并有效解决问题1408个。[1]

随着12345亲清在线等平台服务效能的不断提升，企业反映问题、解决问题的渠道更加畅通，公平竞争的市场环境逐渐形成，城市吸引力持续增强，越来越多的市场主体选择落户成都，成都市的经济活力被进一步释放。

2."进解优促"：建立健全常态长效机制

市场主体是经济增长和城市发展的重要载体。只有始终坚持用户思维、问题导向，着力提升惠企政策精准度、为企服务实效性，真正让企业得实惠提效益、实现更大发展，才能实现企业和城市的同步发展。

2024年9月以来，成都市深入开展"进万企、解难题、优环境、促发展"工作，研究解决企业特别是工业企业关心关切的问题，用真招实招为企业纾困解难。具体而言，成都采取龙头企业"全部进"、重点企业"重点进"、其他企业"按需进"的工作思路，分层次、分类别开展走访服务。市领导主要对全市

---

[1] 《成都市精心打造12345"亲情在线"亲商助企营商环境品牌》，中国网－四川，http://sc.china.com.cn/2023/yingshanghuanjing2023_zhanbo_1010/511419.html。

128家龙头企业开展全覆盖走访；市级部门主要负责同志主要对工业、商贸、金融、建筑等26个行业领域、1000余家重点企业开展走访；各区（市）县相关负责同志聚焦"四上"企业、升规培育企业、专精特新"小巨人"企业、国家高新技术企业等，按需走访服务，确保常态化服务。

位于蒲江县工业园区的四川福朋环保科技集团有限公司，是一家专注于环保设备研发与制造的高新技术企业，凭借先进技术和优质产品，在行业内享有盛誉。该企业表示希望与园区内其他企业开展产品协作配套，拓展业务范围。为了有效满足企业诉求，国庆长假后第一天，蒲江县精心组织了一场"企业相亲会"，邀请包括成都喜曰食品有限公司、四川众润食品有限公司等上下游企业，走进四川福朋环保科技集团有限公司厂房，进行面对面深入交流。在"企业相亲会"活动中，不少企业代表颇有收获，现场就有两家企业与四川福朋环保科技集团有限公司初步达成产品协作配套合作意向，不仅仅有效拓展了四川福朋环保科技集团的业务范围，还为参会企业在"家门口"找到了能够有效满足自身需求的包装服务，可谓是多方共赢。企业负责人表示："当时是抱着试一试的心态提出我们的诉求，没想到政府部门这么快就有所行动，'企业相亲会'办得很成功，真正能解决问题。"

这样的故事，在"进万企、解难题、优环境、促发展"常态化服务企业工作中很常见，有效帮助企业增活力、稳经营、提信心，推动实现工业回升、服务业提速。未来，成都将持续优化营商环境，深化"高效办成一件事"改革，建立健全"进万企、解难题、优环境、促发展"常态长效机制，着力塑造"有需必应、无事不扰"营商环境品牌，真正让企业得实惠提效益、实现更大发展。

3. 包容审慎监管：守住底线，留住温度

近年来，成都市认真贯彻落实党中央、国务院关于深化"放管服"改革、持续优化营商环境的重大部署，积极创新和推行包容审慎监管，持续推进营造公平公正的执法环境，让监管与执法既有力度，又有温度。

2022年的一天，成都市市场监管部门在网上排查时发现，一家食品网店涉嫌超范围经营，该食品网店在不具备"热食类制售"经营许可证的情况下，在网上进行烤鸭销售。执法人员立即动身前往并要求店铺停止该行为。

经过细致的调查后执法人员发现，该门店是一家夫妻店，由夫妻二人共同经营，且该店店面整洁、卫生状况良好，符合热食类制售条件。执法人员在与店主深入交流后得知，新冠疫情期间，店铺生意有所下滑，于是决定在线上售卖烤鸭。考虑到店面卫生情况良好、线上销售时间较短，且这一情形符合成都市"首违不罚"清单情形，执法人员最终没有对其进行相应的处罚。此外，执法人员还耐心向店主进行政策宣传，并积极协调帮助店铺办理相关许可证。此次执法在守住底线的同时，留住了温度，更得到了市场主体的一致好评。

类似这样的执法场景，近年来在成都越发普遍，在营造公平公正执法环境、激发创新创业活力的同时，还极大地便捷了成都市民的日常生活。

周先生长期在四川省成都市武侯区少陵路农贸市场买菜，下班后驾车前来买菜几乎是周先生生活的日常，然而停车却是长期以来让周先生头疼的一个问题。在2022年的某一天，周先生突然发现市场门口新设立了"十五分钟临停车位"，这让周先生在停车后有足够的时间前去购置菜品，极大地方便了周先生的日常生活。

家住青羊区的王先生同样在柔性执法中感受到了执法的公平与温度。有一次，王先生驾车到大石西路时出现了违反禁令标志的驾驶行为，然而让王先生感到意外的是，这次无心的违章行为并没有遭到处罚，而是收到了市交管局"再次违法将予以处罚"的违章短信提示。这一系列柔性执法的背后，都彰显了成都市坚持人民至上的初心，在守住底线的同时，赋予了执法相应的温度。

（三）扎实推进共同富裕

1. 基本公共服务均等化：筑牢共同富裕基础

党的二十大报告明确提出，健全基本公共服务体系，提高公共服务水平，增强均衡性和可及性，扎实推进共同富裕。一座城市所提供的公共服务，是全体居民共同分享发展成果的重要渠道，也是扎实推进共同富裕的重要途径。

成都常住人口已超 2000 万人，一方面展现了成都超强的城市吸引力，另一方面也提出了如何优化公共服务、更好满足人民群众美好生活需求的全新命题。

为切实做好相关工作，让公共服务成为扎实推进共同富裕的有效途径，成都从一开始就做好了高标准的顶层设计。2017 年《成都市基本公共服务均等化"十三五"规划》发布，提出全面增强公共服务能力。经过 5 年的发展，在深刻总结前一个阶段工作成效及突出问题的基础上，结合当前阶段人民群众对公共服务的全新要求，2022 年 5 月，《成都市"十四五"公共服务规划》正式发布，提出了打造与建设践行新发展理念的公园城市示范区相适应的人民城市"幸福样本"的指导思想，以及到 2025 年全面建成均衡、普惠、公平、便捷的公共服务体系的发展目标。

成都市公共服务体系的不断健全，让成都市民能够更加公平地享受成都市经济社会发展所带来的红利，人民群众的获得感、幸福感、安全感持续提升。

锦江区养老服务指导中心是锦江区居家和社区养老服务改革的首批试点，助餐、助浴、助洁等各式各样的服务在这里都能够得到有效满足。在锦江区九眼桥宏济巷社区日间照料中心的长寿食堂，红烧肉、回锅肉、蒸烧白等各式各样的菜品一应俱全，辖区周围的老人都可以来这里就餐，极大地解决了老年人做饭不方便、做饭菜品不够丰富等问题。

除服务种类丰富外，数字化平台的使用更是极大地便捷了服务供求双方。在锦江区智慧养老服务平台中录入了全区老年人的基本信息，这有助于实现对老年人的标签化管理、差异化服务。此外，老年人也可以通过平台办理各种业务，很多以前需要线下办理的业务现在都可以在线上完成办理，如高龄津贴等惠老政策，只需老人在线上进行申请，工作人员便会结合平台数据进行审核。至于助餐、助浴、助洁、助娱等服务，老年人也可以通过手机 App、微信小程序等线上方式查询服务标准和服务价格，并根据自己的需求进行线上预约，真正实现了让数据多跑路、老人少跑腿。

公共服务水平的提升带来的不仅仅是便捷，更是一份安心。老年人突发事件的监测不仅关系到老年人自身的身体健康，还牵动着子女的心。68 岁的罗永跃老人居住在成龙路街道华新社区。2022 年 12 月初，罗爷爷申请并安装了一套家庭智能报警设备。安装了该设备后，社区工作人员能够随时了解罗爷爷的健康状况和居家生活情况，应对突发事件的能力显著提升。作为独居老人的罗爷爷，生活安全也得到了进一步的保障。

2. 成都职业培训网络学院：提升技能水平，促进高质量就业

职业教育在我国经济社会发展进程中发挥着至关重要的作用，是保持就业稳定、缓解结构性就业矛盾、服务地方经济发展的重要抓手，在助推共同富裕等方面更是扮演着举足轻重的角色。

为了进一步提升市民技能水平，助力市民实现高质量就业，成都在全国范围内率先打造数字职业技能培训公共服务平台——成都职业培训网络学院，以"互联网＋职业技能培训"的全新模式，扎实推进终身职业技能培训工作落地落实。

成都职业培训网络学院以全体劳动者为服务对象，针对在职职工、失业人员、农民工、残疾人、退役军人等群体，量身打造多层次教学资源。进入网页，就能够学习与先进制造、现代服务、新经济、乡村振兴、城市治理等问题相关的一系列课程，全方位提升自身知识技能水平。成立5年以来，平台教学资源日渐丰富，共涵盖211个专业的超9000门课程，能够有效满足各类群体的自主学习需求。

除此之外，考试辅导、职业测评等服务还将学业与就业紧密联系在一起。以网络学院引进的职业测评服务为例，通过详细刻画性格、情商、智商、职业方向、心理健康、行为风格等维度的特征，能够帮助就业者找准自身职业定位、更好挖掘自身潜能，精准有效匹配更加适合自己的工作岗位。

截至2023年9月，成都职业培训网络学院共拥有超80万名注册用户，集聚了大量的企业、高等院校、技工院校、技能培训机构，在有效满足各类群体自主学习需求的同时，高效打通了职业技能培训和就业"最后一公里"，对成都市民高质量就业和扎实推进共同富裕起到了有效的支撑作用。

3."成都工匠"：实干"出圈"

高水平的工匠人才是推动产业高质量发展的中坚力量，也是促进更加充分更高质量就业、助力共同富裕的关键环节。近年来，成都市深入学习贯彻习近平总书记关于产业工人队伍建设和技能人才工作的一系列重要指示精神，全面落实成都市人才强市、制造强市建设的部署要求，着力抓好高技能人才培养、评选"成都工匠"、工匠学院建设、礼遇"成都工匠"、弘扬工匠精神五大环节，在全国城市中率先构建形成串珠成链、共振融合的工匠人才全链条工作体系。

2023年5月，2022年、2023年"成都工匠"命名大会召开，1248名成都市产业工人队伍的杰出代表实干"出圈"，集中命名"成都工匠"。这1248人之中，普通一线职工达1016人，占比超八成。工匠们的平均年龄为40岁，其中

最年轻的冲压工李大江年仅22岁。近年来,围绕"成都工匠"展开的改革不断深入,也激发了工匠们"以老带新"的潮流,大量成都工匠以身作则、以老带新,以技艺与技术的有效传承助力扎实推进共同富裕。

此外,深入了解"成都工匠"及相关政策可以发现,"成都工匠"既是荣誉,更是实实在在的支持与服务。长期以来,成都高度重视产业工人队伍建设,将增强劳动者就业能力、促进更加充分更高质量就业作为扎实推进共同富裕的重要抓手,并从多个维度给予配套支持。2021年,《成都市礼遇"成都工匠"十条政策措施》正式出台,从10个方面对"成都工匠"给予礼遇。截至2023年5月,超9万人次享受到了各项服务。这些福利政策一方面增强了工匠人才相关就业岗位的吸引力,大量青年人才选择在相关领域深耕;另一方面也增强了成都对于工匠人才的吸引力,更多优质人才选择落户成都。

以圆通速递成都锦江四部的快递员唐建为例，由于没有成都户口，儿子上学的事情成为长期困扰唐建的一个重要问题。而这一看似难以解决的问题，却因唐建自身的技能优势而柳暗花明。2020年，凭借在快递行业的突出表现，唐建成功获评"成都工匠"，这也帮助唐建顺利解决了子女入学的问题。2022年9月，唐建的大儿子顺利进入盐道街小学（锦馨分校）学习。

除子女入学有优待之外，成都市还为成都工匠提供了包括就医服务、免费坐地铁公交、免费游玩市级公园景区等在内的多项礼遇，这不仅有助于满足各类技能人才的日常生活需求，还有助于进一步提升技能人才的职业尊荣感和社会认同度，让老百姓意识到技能人才的稀缺性、重要性，鼓励、引导更多市民努力提升自身技能水平，一同筑牢共同富裕的就业基础。

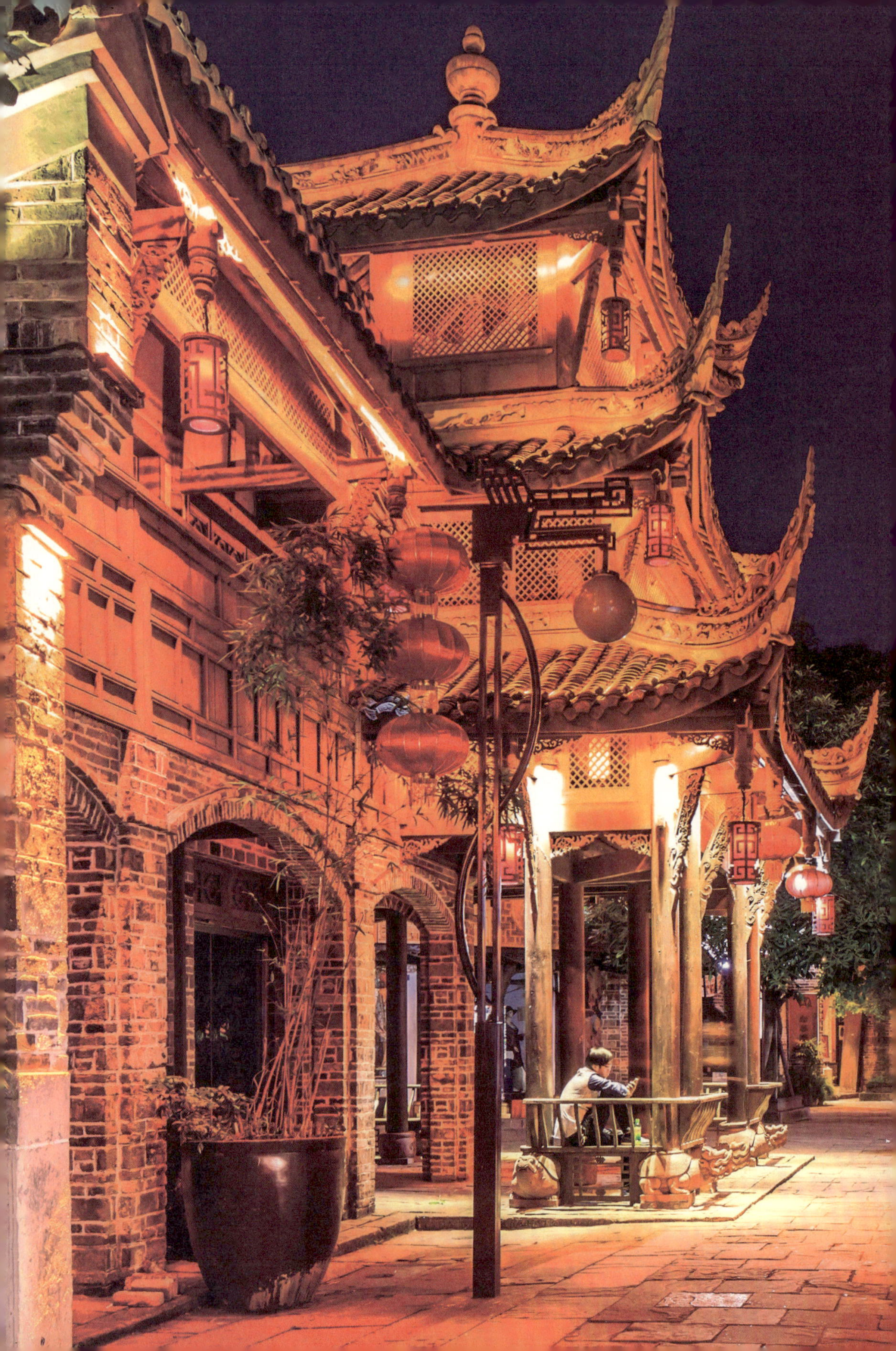

第五章

增强公园城市治理效能
打造城市治理现代化的示范区

  一城之美，在于精致；一城治理，在于精细。从防火防涝、抗击疫情的安全感，到开窗见景、推门见"园"的幸福感，城市治理"绣花针"和每个人息息相关。习近平总书记指出，推进国家治理体系和治理能力现代化，必须抓好城市治理体系和治理能力现代化。城市化进程加快使得道路拥堵、能源紧缺、环境恶化等"城市病"问题日益凸显，给城市治理带来了诸多挑战。就中国式现代化的五个特征而言，城市治理，尤其是超大城市治理与之具有紧密联系。推进超大城市社会治理体系与治理能力现代化，亟须立足城市发展实际和人民需求，着眼党建引领、重心下移、科技赋能，不断增强人民群众的获得感、幸福感、安全感。

  开始公园城市建设以来，成都在城市治理的顶层设计和工作思路上求创新，在治理过程规范上下功夫，在治理效能及治理水平上寻突破，通过绣花般的细心、耐心、巧心，全面提升安全韧性水平和抵御冲击能力，加快建成安全成都、善治成都和智慧成都，推动城市治理体系和治理能力现代化。成都，一座智慧、韧性、品质之城正向我们快步走来。

公园城市

一、智慧：工欲善其事，必先利其器

习近平总书记指出，从数字化到智能化再到智慧化，让城市更聪明一些、更智慧一些，是推动城市治理体系和治理能力现代化的必由之路。智慧城市从提出至今，其内涵也一直在不断发展和深化。随着国家治理体系和治理能力现代化的不断推进，以及"创新、协调、绿色、开放、共享"新发展理念的全面

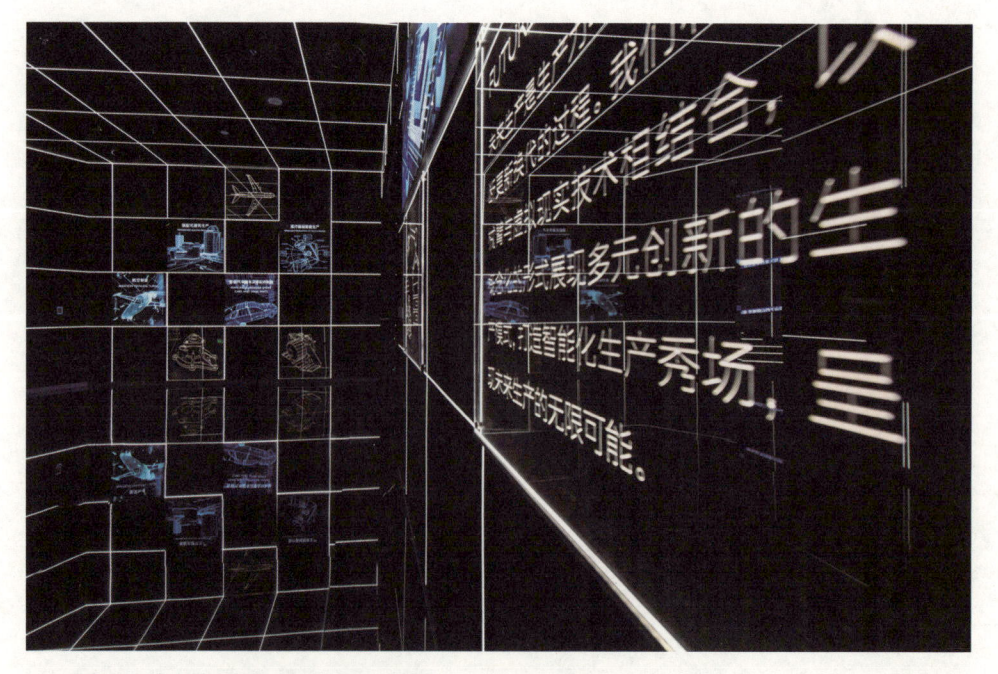

东部新区未来城市体验中心（韩杰 摄影）

贯彻，城市发展被赋予新的内涵和要求。

智慧治理是融合多主体，并将新理念、新技术与城市空间融为一体的技术生态治理体系，城市智慧治理是信息时代城市公共治理变革与技术创新发展的产物。超大特大城市规模体量大，治理资源和要素复杂，传统治理手段难以为继，而其拥有得天独厚的经济、技术、人力和市场资源，又是开展智慧治理的极佳实验场域。为适应公园城市示范区建设需求，提升超大城市治理现代化水平，成都着眼于以"智慧蓉城"推动城市治理转型。2020年10月，出台《成都市智慧城市建设行动方案（2020—2022）》。2021年12月，成都入选国家"双智"试点城市（智慧城市基础设施与智能网联汽车协同发展第二批试点城市）。2022年6月，出台《成都市"十四五"新型智慧城市建设规划》。信息数据，飞速运转，云端之上，从"复制追赶"向"创新发展"转变，成都正在开启智慧治理的密码，智慧城市建设按下"快进键"。

（一）建强"城市大脑"：城市"会思考"的原动力

1. 主动发现的智能终端：物联感知体系

道路水浸预警、油烟检测预警、共享单车远程调度管理……这些日常生活中常见的"智慧"感知场景通过智慧终端的"神经末梢"，能及时传达到成都建设的"中枢大脑"——"智慧蓉城市域物联感知中心"中。

物联感知体系作为智慧城市建设的重要基础，以物联网、AI算法、大数据分析等新型信息技术为基础，通过在城市布设感知终端，实时集成多样化感知数据，智能分析数据信息，实现城市主要生命体征的实时感知，提升城市感知判断、快速反应的能力，是做好新型智慧城市建设的关键一环，在超大城市治理中能发挥很多作用。

公园城市

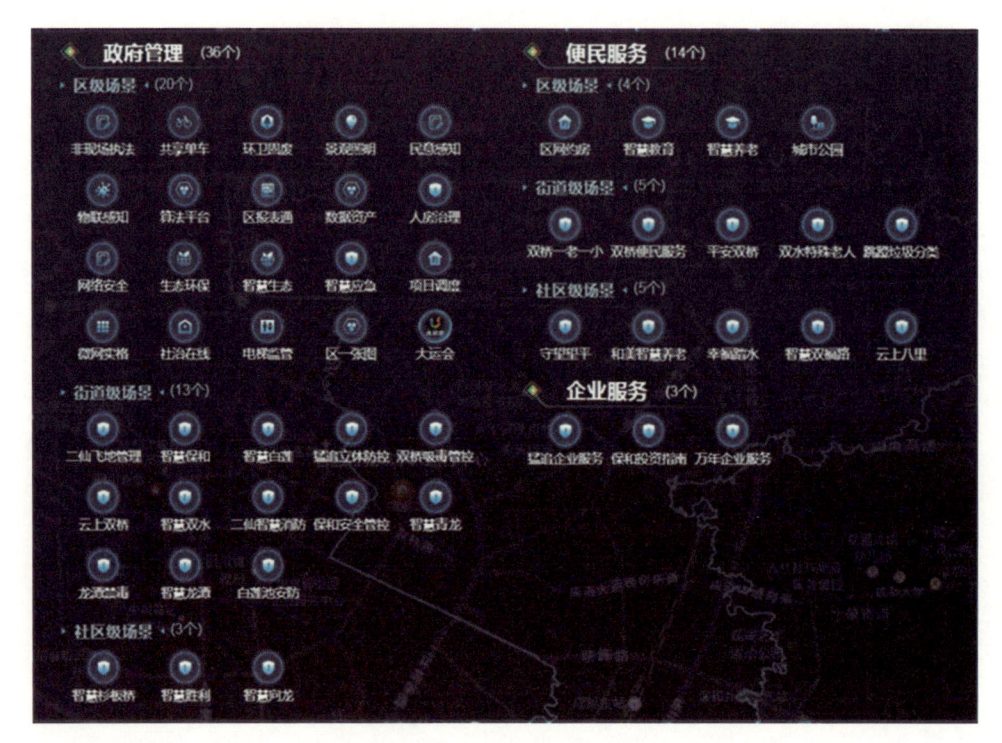

"智慧蓉城·智慧成华"城市运行管理平台(成华区智慧蓉城运行中心供图)

以门磁这个小型感知终端为例,将门磁和水、电、气表等多源数据进行结合,通过综合研判,在遇到长时间不出门且没有消耗水电气时,能协助社区通过"一事多源、一源多用"快速主动发现、处置城市事件。"一事多源"是指综合运用多种感知终端的数据来判断是否发生城市事件,提升事件发现的准确性;"一源多用"即一个感知终端可以应用于不同的城市治理场景,实现集约共享。[1]

感知中心通过场景营造、态势感知、监测预警、数据分析等智慧应用"感知"城市民生温度,加快物联感知体系建设。智慧蓉城物联感知运行平台作为全市最大的物联汇聚和共享平台,接入来自15个市级部门、23个区(市)县及部

---

[1] 李颖:《成都设立智慧蓉城市域物联感知中心》,《成都日报》2022年7月31日。

第五章　增强公园城市治理效能　打造城市治理现代化的示范区

分企业总计 220 类、2270 余万个物联感知设备。在接入存量数据的同时，感知中心统筹新建了 2.3 万个感知设备，覆盖了人口密度、桥梁安全、燃气安全等与市民相关的领域，为城市的各类社区场所提供保障，也在成都世界乒乓球锦标赛、世界大学生运动会等重要活动以及城市安全管理方面提供了高质量数据支撑。

例如，成都市成华区聚焦打造物联感知中心，聚焦数据互通、共享赋能，形成数据资源"一端采集共享、一站开发治理、一图分析研判"，筑牢数字基础底座。同时，搭建物联感知平台和 AI 算法平台，自动感知预警热难敏事件，一键直达关联部门，精确找准问题点位，快速进行预警预判，织密预警监测网络。

物联感知体系是新型智慧城市建设的重要支撑，通过感知终端、通信网络、管理平台等构建起万物互联的城市神经网络，实现物与人、物与物的联结，全面感知城市社会治理运行态势、了解居民诉求。利用算法模型进行交叉分析，诊断城市问题、认识城市规律，从而更加精准主动地发现城市潜在风险，提高城市治理效率。

2. 筑牢底座的数字新基建：国家超算成都中心

你能想象，当数十万个 CPU（Central Processing Unit，中央处理器）核心和加速部件同时连接在一起时，它的计算能力将会达到什么状态吗？你能想象，当这个具备超算能力的"超级大脑"应用到日常生产生活中时，会如何改变眼前的一切吗？你还能想象，相当于 7 层楼高的超级计算中心满负荷运转时，它的用电量等能耗比，竟然比一台家用冰箱还低吗？这些疑问，都能在成都超算中心找到答案。

国家超级计算成都中心位于成都天府新区兴隆湖东南 2 千米处，是我国西部地区唯一建成投运的国家超级计算中心，也是第十个国家超级计算中心。

超算中心能做什么？超级计算机的研究水平代表了国家的尖端科研实力，是各国争夺的战略制高点。每秒钟运算能力为 10 亿亿次、100 亿亿次的超级计

公园城市

算机，看起来离人们的日常生活很遥远，实际上超算能解决气象预报、航空航天、地球科学、抗震分析、公共健康等领域的挑战性问题，是名副其实的"神算子"，能算天、算地、算人、算"命"，全面融入了人们生活的各个方面。例如，医学领域，超算可以进行基因测序，从根本上破解人类的生命"密码"；气候科学领域，超算能通过分析和建模，模拟更多气候场景；材料科学领域，超算能快速验证，预测候选材料，大幅降低试错成本。

成都超算中心自2020年9月投运以来，先后为北京、上海、广州、重庆等35个城市的760余个用户提供了算力服务，服务领域涵盖航空航天、装备制造、新型材料、人工智能等30个领域，包括高海拔宇宙线观测站等多个国家重大科技基础设施在内的日常计算应用、国家级课题；同时，中心完成用户计算任务数超1900万个。[①]

成都依托以算力为核心的技术实现智慧提能，为城市治理提供强有力的算力支撑，构建起强大的"城市大脑"。通过智能算法对网格数据、交通数据、人员数据等城市治理相关的海量数据进行分析计算，形成面向各个领域、各个场景、各种事件处置的"思考"能力，推动城市运行从事后分析向事前预测、从被动处置向主动发现转变，以技术创新赋能城市治理，促进决策分析科学化、治理方式精细化。

3. 不是"空想乌托邦"：数字孪生城市

数字孪生技术正在通过为城市构建"大脑"，让城市治理在数字化转型的过程中变得更聪明了。成华区跳蹬河街道杉板桥社区搭建的"智慧蓉城·杉板桥数字孪生社区"平台荣获2021年中国数字政府特色案例"治理运行创新奖"，赢得了居民广泛称赞。

[①] 徐莉莎：《大国重器齐聚兴隆湖畔，西部（成都）科学城"拔节生长"》，《四川日报》2022年12月30日。

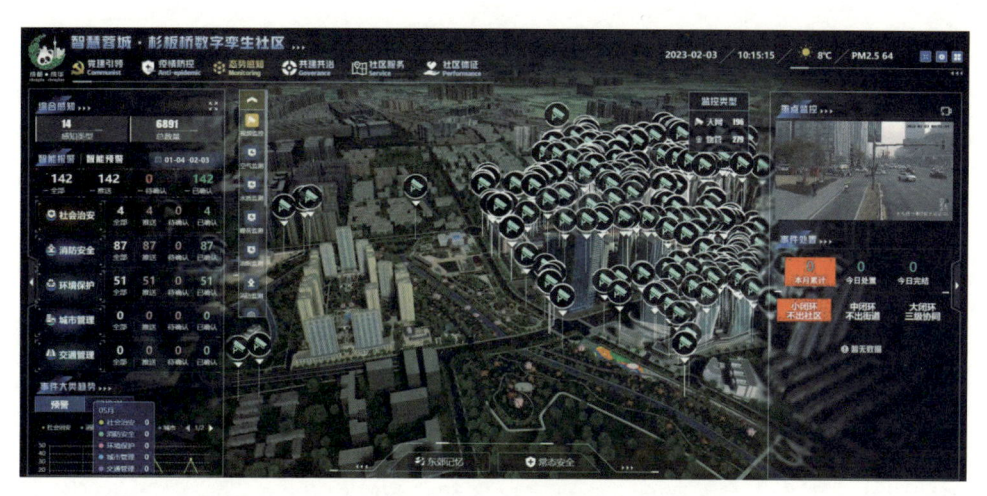

第五章　增强公园城市治理效能　打造城市治理现代化的示范区

"智慧蓉城·杉板桥数字孪生社区"平台（成华区智慧蓉城运行中心供图）

杉板桥社区党群服务中心里有一块能呈现辖区 1.2 平方千米人物、建筑、设施、事件的大屏，也就是数字世界的虚拟映像——数字孪生城市。通过布设传感器，实现对辖区内基础设施的数字化建模，在静态建模基础上，对社区运行状态的充分感知、动态监测，形成信息维度上对实体社区的精准信息表达和映射，社区智慧治理生动"画像"就此生成。

系统涵盖"党建引领、疫情防控、态势感知、共建共治、资源地图、社区体征"六大功能板块。其中，"态势感知"为核心功能板块，主要通过布建及整合路天网、社会视频等物联传感设备，聚焦社会治安、环境保护、交通管理、养老服务等与民生福祉紧密相关的领域，打造智能应用场景。一旦感知到异常，系统能进行实时预警，不仅将社区工作人员从繁杂的日常巡查工作中解放出来，实现"技巡"替代"人巡"，还能感知预警，提前进行事件处置。

有了这套智能系统后，通过视频监控和 AI 视觉算法就能够智能识别辖区内发生的各类问题，一旦系统发出预警，社区工作人员会立即派网格员去实地了解情况，遇到发现得了而处置不了的难题，还会根据事件分类把信息上报城管、交警等相应部门，请相应部门派人到现场协同处置。

145

公园城市

  全天 24 小时任何时候打开平台，都可以在数字大屏中看到社区运行的最新状态。异常事件发生时，平台还会自动弹出提示，提醒工作人员。经过人工研判后，任务会推送到网格员的系统中，事件处置的进度还能在系统中同步。依照事件大小和处置流程，平台将事件分成了不出社区小闭环、不出街道中闭环、三级协同大闭环三类，并建立"科技＋人力"的线上线下全流程闭环处置机制，初步实现"高效处置一件事"。面对这个高清大屏，社区工作人员就能第一时间全面精准地掌握辖区情况，平台预警事件处置率高达 100%。

  "万科天荟小区附近的绿化带上有人乱堆杂物，请立即前往现场查看情况。"杉板桥社区工作人员在平台上收到了这条智能预警信息后，第一时间将任务分派给离事件发生地点最近的网格员，问题可以很快得到解决。[①]

  系统对辖区居住的高龄空巢老人的关怀同样周到细致，以科技赋能社区关爱，让老人们更加安心、放心。例如，日常生活中就有这样一些智能场景：老人在家用火、用电后一旦忘记关上，特别是在深夜非常容易造成安全事故。在一些用火用电区域安装烟雾传感器或电流传感器，如果家里烟雾浓度过高，天花板上的烟感器便会触发报警。眼神不好的老人晚上上洗手间需要摸索一些时间才能开灯，在去洗手间的路上也免不了要凭着感觉走，在老人房间床侧下安装人体传感器，在老人睡眠或起夜时间段设置生效状态，一旦老人起夜，人体传感器触发系统就会打开房间和洗手间的智能灯光。社区的空巢老人们体验使用了智能监护设备后，都觉得十分方便安全。

  人口众多、场景复杂、涉面巨大，一个社区便是城市的缩影，"杉板桥数字孪生社区"的成功试点，已成为成都市打造智慧蓉城的示范样本。将 AI 算法应用在城市治理场景中，拥抱数字化浪潮，聚焦智慧化建设，提高城市运行效率，是 AI 赋能城市"智"理的未来所趋。

---

  ① 成华区委社治委：《成华智慧化社区建设 服务居民生活点赞多》，锦观，http://www.cdswszw.gov.cn/gzdt/Detail.aspx?id=26923。

（二）打造"智能中枢"：城市"可进化"的生长力

1. 一网通办：群众办事更方便

成都聚焦"高效办成一件事"，深入推进政务服务"一网通办"，积极拓展服务内容，全面开展帮办服务和便民服务等，提升"实际网办"水平，突破地域限制，增强"跨域通办"能力，打造全生命周期政务服务体系，逐步实现"进一张网、办所有事"，提升整体服务质量和水平。

聚焦群众和企业关注的痛点、热点和难点，依托四川省一体化政务服务平台以及海量的数据资源，通过多端发布平台，统一管理天府通办 App 成都分站点、"蓉易办"App、小程序等应用端。实现不同服务渠道之间应用融合、数据同源，使得更多政务服务事项网上办、掌上办、一次办。围绕与民生领域息息相关的不动产、水电气、人社、公安等领域，有效推进便民服务应用接入四川政务网成都分站点"蓉易办"，重点推进办理类应用和移动端应用的接入，让企业和群众体验到全方位、高效率的便民服务。[①]

例如，针对市民窗口办证难、繁、慢的传统办证模式，天府市民云推出"产权在线"线上便捷办理不动产证服务，实现在线申请、缴纳资料、缴纳契税、网签备案等流程一站式产权证办理，切实为群众提供"下班不下岗"服务。

2. 一网通享：数据应用更顺畅

城市是一个庞大的系统，"智慧城市"打通的不单单是一个领域的数据，而

[①] 刘浏：《一网通办 一窗受理 解析成都政务服务4.0之嬗变》，《成都日报》2022年5月26日。

公园城市

是要将分散在城市各个单元的核心数据链接、打通，形成一张集合城市各项运行数据的网络。

新津区通过建设"基层服务·报表通"应用系统，依托数据中台，建立字段超市、严控报表准入、强化数据治理，通过简化流程、创新路径，将"基层报送"变为"部门提取"，实现数据自动抓取、报表一键生成、任务主动提醒、工作闭环处置，将"基层人工统数据"变为"部门智能提数据"，切实减轻基层压力，让基层工作人员从"表哥""表姐"的繁杂工作中解脱出来。

"基层服务·报表通"能够夯实人口数据底座、支持业务跨区域协同、赋能基层减负增效，实现社会治理数据为基层所用，提升基层治理和服务的精准化水平。该案例入选2022年中国城市发展论坛"2022年产业数字化发展优秀案例"，荣获DAMA（Data Management，国际数据管理协会）中国2022数据治理最佳实践奖，2022（第四届）数字政府特色评选"数字能力领先奖"。"基层服务·报表通"数据平台通过多源共享、一次填报、互联互通，切实解决数据统计难题，为基层困扰于台账报表多的工作人员破解了"表哥""表姐"的难题。

新津区花源镇杨柳村依山傍水，清澈的杨柳河穿境而过，秀美的牧马山隔河点缀，辖区有10300位居民。杨柳村党委书记周萍在这里已经工作近十年。拥有丰富基层工作经验的她十分清楚群众最需要什么、基层最想改变什么。2022年6月，新津"基层报表通"上线，通过简化流程、创新路径，实现数据自动抓取、报表一键生成、任务主动提醒、工作闭环处置，周萍切身体会到，基层工作人员松绑减负了。[①]

每个月上报的表格多达上百张，需要维护的类型各异、要求不一的平台系统40余个，"基层服务·报表通"上线之前，基层工作人员每天都需要花大量时间进行数据收集，进行报表制作。埋头苦干报数据、无暇入户干工作是常态。

---

① 赖芳杰：《成都新津：400万条数据分析一键生成报表 基层工作人员不再当"表哥""表姐"》，封面新闻，https://baijiahao.baidu.com/s?id=1750372108049313388&wfr=spider&for=pc。

第五章　增强公园城市治理效能　打造城市治理现代化的示范区

使用"基层服务·报表通"后，以疫情防控工作为例，在手机上可以一键查询到该村的疫苗接种情况，并做好针对性提醒，以便社区工作人员能腾出更多时间去服务群众。如针对系统分析出的核酸漏检人员，通过事件中枢自动向基层一线人员推送提醒，基层一线人员精准督促，确保重点人员检测无遗漏。该功能实现以来，仅这项工作就每周减少基层报表耗时10个小时以上。

数据统计在战"疫"斗争中发挥了独特而重要的作用。仅新津区疫情防控指挥部办公室的常态化核酸检测数据就涉及13个部门、8个镇街，需收集24张基础信息表后人工追踪形成19张统计报表，数据层层上报、电话核实信息不准、存在漏检风险、工作量大是基层抗疫工作的真实难点痛点。而通过"基层报表通"数据关联，能智能完成400余万条数据画像分析，数据需求方只需简易选择字段，配置筛选条件，系统智能分析关联、自动抓取数据、分级审批提取，就能最终一键生成报表，不仅提高了工作效率，也大大减轻了基层工作人员的负担。

3. 一键回应：社会治理更高效

深化社会诉求"一键回应"，成都健全12345热线平台接诉即办工作响应机制，把群众和企业的每一件事都当成大事来办、每一个诉求都当成急事来做，坚决做到"民有所呼，必有所应，民有所需，必有所为"[①]，从而实现诉求回应提速、政府社会协同，不断增进群众的获得感，让城市有机生命体有"温度"。

群众通过拨打12345热线电话来进行投诉、咨询和建议，各类问题都能得到第一时间回应和处置。而今，成都市民已习惯通过公共服务热线解决急难愁盼问题。

2022年以来，温江区涌泉街道连续收到由12345热线平台转来的群众关于

---

① 资料来源：《2023年成都市政府工作报告》，成都市人民政府网站，https://www.chengdu.gov.cn/gkml/cdsrmzfbgt/zfgzbg/120509355058947 6864.shtml。

公园城市

亚洲湾广场噪声扰民的投诉。亚洲湾广场共有21支广场舞队,涉及相关人员750余人,涉及1支陀螺队40多人。一方是跳舞群众的健身需求,一方是周围群众的噪声困扰,怎么才能"对症下药"?

接到12345热线平台投诉后,街道和社区工作人员一早一晚前往广场,与舞队的队员们打成一片,通过"摸情况、交朋友",同坐板凳当好"贴心人"。通过将广场舞各队伍的负责人、骨干以及周边居民代表、城管队员、社区民警等约到一起"聊",大家敞开心扉、换位思考,搞清双方矛盾根源,厘清问题症结,互谅互让、共想办法,进行"分题"解决。

在亚洲湾陀螺队中,推荐热心肠、人缘好的王叔为队长,"高配"(退役)团职干部为"政委";在21支舞蹈队中,选出正副队长、秘书长,建立广场文体协会,推选出"带头大哥""带头大姐",把分散的队伍凝聚起来。这样一来,每支队伍都有了负责人,大家一同体验社区工作人员、城管执法人员的工作,共同遵守广场"盟约"——《广场文明公约》。

温江区涌泉街道政务和网络理政科负责人肖波说:"通过创新建立广场文体协会,推选出带头人,将分散的队伍凝聚起来,建立起广场'盟约'。让陀螺大爷、广场舞大妈转换为广场舞文明劝导员,让噪声制造者'变身'和事佬、调解员,从对立者到问题的协商者、秩序的维护员、热心的志愿者。"[1]亚洲湾广场陀螺队、舞蹈队的音量低了,广场舞早开场、早结束,周末打烊。12345热线成为了连接人民幸福美好生活的连心桥。

---

[1] 王威:《12345·真情面对,从优秀案例看成都社会治理!》,人民号,https://rmh.pdnews.cn/Pc/ArtInfoApi/article?id=34806942&eqid=9e3d40de000df12300000006645a3202。

（三）构建应用场景：城市"有温度"的感染力

1. 锦江智慧养老平台：守护最美夕阳红

"滴滴滴……"随着一声报警声响起，成都市锦江区养老服务指导中心大屏上立马出现了居住在锦江区观音桥社区的独居老人李奶奶家中的渗水警报。养老服务指导中心立刻拨通老人的电话，了解具体情况。"原来是老人在使用水龙头时，水花不小心溅落在传感器上了。"工作人员松了一口气。

锦江区养老服务指导中心由5家养老服务机构承接服务，还可为街道辖区内的所有老年人提供上门服务（含助餐、助浴、助医等），是锦江区打造的养老服务体系运行指挥中枢和居家环境适老化改造的展示平台。在此地看到的渗水警报的显示大屏便是指导中心重要功能区之一——智慧养老服务平台。

智慧养老服务平台的"智慧"体现在哪些方面呢？将老人基础疾病、紧急联系人、家庭住址等信息归集在智慧养老服务平台上，并按独居、空巢、特困、高龄等8种类型，实现"标签化"管理。通过数据收集整理，养老服务指导中心工作人员能关注到重点关注人群，实现政府、家庭、社会组织及企业的联网联动。

截至2022年底，锦江区智慧养老服务平台已经实现将全区6.5万名老年人、17个养老机构、76个社区日间照料中心全部纳入平台管理，汇集了街道社区养老顾问、专业机构养老从业人员、社工志愿者等多元力量。[1]通过"养老一张图"数据底座，即可查询老人的分布情况、基本信息等，对老年人的类型实现标签

---

[1]《锦江：探索基层治理新路　擦亮"幸福城区"名片》，《四川日报》2023年3月14日。

化管理。老人们也可通过平台线上申请高龄津贴等惠老政策,工作人员利用平台数据核实老人申报信息的有效性、真实性,实现让数据多跑路、老人少跑腿,提升老人们的幸福感。

运用智能设备,相关信息会同步上传至锦江区智慧养老服务平台,可以实时监测到老人起居及生活环境状况。比如,老人独自在家中发生意外需要帮助的时候,只要按下SOS紧急呼叫器,就会通过短信、电话、微信等多种方式,第一时间通知社区工作人员和老人的紧急联系人,及时获得帮助;如果老人家中出现燃气泄漏、水管漏水等情况,燃气报警器和浸水报警器会自动触发警报;如果老人在家中摔倒,红外传感器能够实时监测并发送警报给社区工作人员,由呼援中心及时转接并提供服务,最大限度规避意外发生。平台还通过搭建远程健康管理、平安应急呼叫、生命体征监测等模块,对有居家护理需求的老人配置健康管理监测设备,将安装的智能化设备与老年人实现一一对应,数据实时上传智慧养老平台,为老年人提供居家安全和紧急救援处置。

智慧养老平台作为"大脑中枢",连接起了街道、社区、老年人个体,为优化服务流程,提升服务效率提供了支撑。智慧养老平台串联起线上全流程闭环管理养老补贴发放场景、全天候全时段的养老机构实时监管场景、精准精细精心的巡访关爱场景、守护老人居家安全场景、智慧家庭照护床位场景等,有效促进了健康养老服务智慧化升级。构建智慧养老格局,把"智慧化"切实落实到老年人身上,让老年人舒心、子女放心,是为老服务提质增效的关键。

2. 智慧社区:"花"式科技"照"亮社区治理

花照壁社区是成都市金牛区营门口街道下辖社区。长期以来,由于社区体量大、居住户情况复杂、社区事务繁多等问题,社区治理工作面临着诸多痛点、堵点和难点。

"花"式科技,不仅仅在于"花照壁"的名称,更在于通过智慧门磁、智能

第五章 增强公园城市治理效能 打造城市治理现代化的示范区

门禁、视频直播、"悦营门"智慧政务系统等"花"样创新举措形成的独特品牌效应，花照壁社区的"花"式科技已经成为居民和群众心中的独特印象，并由此带来社区归属感和认同感。2022年11月24日，花照壁社区被评为四川省"2021年全省基层治理示范社区"（智慧科技型）。

花照壁社区搭建的智慧平台"悦营门"，对社区党建、网格、设备等进行全流程再造，深入推动一体化建设，实现数据全面可视化及监控调度，建立了花照壁社区双线融合智慧治理平台。以平台作为抓手，强化针对居民急难愁盼问题的解决并提升居民参与社区事务的便捷性和积极性。政务服务方面，为居民提供更便民、高效的办事途径，让居民足不出户就能了解各类业务办理流程，还能实现资料提前预审，解决了过去办事需要拿着各种材料来回反复跑路的问题，真正实现"让数据多跑路，让群众少跑路"的目标。意见反馈方面，原来的问题投诉是由下至上，现在的问题反馈模式主要通过拨打市长热线从上至下进行处理，技术平台搭建后，进一步畅通了居民和社区沟通的渠道。生活服务方面，让居民参与活动、生活缴费等更加方便快捷，居民参与活动或课程还可获得积分，积分可以用于兑换奖品。平台的建设极大地方便了群众了解社区动态，让居民的反馈有回音，让居民的生活更便捷，居民主动参与社区互动，实现了"小事不出社区"。

2021年11月2日，花照壁社区顶峰水岸小区因突发疫情被划定为中风险区，小区所有居民均须实行居家隔离管理，封控区内的单元楼栋及隔离人员的管控完全通过"人盯人"的方式进行，极大消耗着社区的人力和物力资源。随后，在花照壁社区疫情防控指挥部的部署下，项目方迅速组织货源并进行系统开发和设备调试。11月6日，为顶峰水岸封控区内所有的单元97户住户均安装了隔离门磁。隔离系统上线后，每次开关门，系统就会自动上传记录、弹出报警提示并同步通过手机短信和机器人将信息发送到社区工作人员和物业管理人员的手机上。智慧门磁的安装使用有效降低了上门排查的次数。同时，采用人脸识别、手机开锁等科技手段实现无接触方式开门,为物业提供了快捷高效的管理手段,更为社区安全构建了一道屏障。

社区智慧手段的应用对于加强院落管理、保障居民安全、防止管控漏洞发挥了重要作用,提高了基层治理的精准度,减轻了社区工作压力。

二、韧性：居安思危，可无备御

随着城市现代化的推进，城市尤其是超大城市面临的不确定风险有所上升，从生态环境到经济社会各个领域，威胁城市和市民安全的因素及其所带来的影响也更为复杂。大量危及公共安全的事例告诉我们，危机是由多种复杂因素构成的，应对危机不能只是简单的防御，不应是"头痛医头、脚痛医脚"。

《中共中央关于制定国民经济和社会发展第十四个五年规划和二〇三五年远景目标的建议》提出，建设宜居、创新、智慧、绿色、人文、韧性城市。韧性城市理念被纳入国家战略规划，也把韧性城市带入大众视野。韧性是指公园城市应对突发公共卫生事件或自然灾害的抵御力、适应力及恢复力。[1] 韧性城市是指城市像弹簧一样有张有弛，凭借自身能力预防及减缓各种压力和冲击，并且迅速从中恢复的城市类型。城市充满"韧性"，不意味着完全避免灾害，而是指通过不断学习、不断加强对灾害特征和城市防灾能力建设的认知，达到适应灾害的目标。[2] "韧性城市"建设，要让城市系统具备化解和抵御灾害或冲击，减轻损失，并合理调配资源从冲击中快速恢复过来的综合能力。

2011年8月，在联合国国际减灾战略署、成都市人民政府等主办的"第

---

[1] 王香春、王钰：《高质量可持续发展理念下公园城市建设探索》，《江苏建筑》2021年第4期。
[2] 王晶玥：《让城市发展更加可持续》，《人民日报》（海外版）2022年7月25日。

二届世界城市科学发展论坛暨首届防灾减灾市长峰会"上，国内外多个城市签署了《让城市更具韧性"十大指标体系"成都行动宣言》，这是"韧性"理念首次在中国城市建设中出现。①2020年5月，成都市第十七届人民代表大会第三次会议首次将"韧性城市"写进政府工作报告。2020年12月发布的《中共成都市委关于制定成都市国民经济和社会发展第十四个五年规划和二〇三五年远景目标的建议》提出，提升城市智慧韧性安全水平，推动超大城市治理体系和治理能力现代化。2022年3月发布的《成都建设践行新发展理念的公园城市示范区总体方案》及2022年5月印发的《成都建设践行新发展理念的公园城市示范区行动计划（2021—2025年）》中均提到，抵御冲击和安全韧性能力进一步增强。

（一）加强"免疫力"

1. 首席健康官：当好健康"守门员"

自1993年获评国家卫生城市，成为全国第一个获此殊荣的副省级城市以来，成都市不断创新方式方法，持续提升重大突发公共卫生事件防控救治能力。

2022年3月，成都开始试水"首席健康官"制度。多个企业、园区、楼宇、商场等场所的"首席健康官"上任，在疫情防控、护航员工健康等方面发挥了重要作用，成都"首席健康官"案例被国家卫生健康委工作专刊收录。

首席健康官是什么？顾名思义，首席健康官是指企业或机构负责构建员工健康管理计划的中高层人员，对员工的健康状况进行统计、分析和管控。这是

---

① 可蒙：《全球市长成都共话防灾减灾经验》，《四川日报》2011年8月12日。

一种企业或机构的文化，更是卫生城市建设的很好抓手。

如何管好自己的人？成都拟合未来科技有限公司首席健康官的工作探索思路是"严格防疫+认真运动"，拟合未来是一家总部位于成都的智能健身公司，总部共有员工600余人，上海和深圳设立的分公司、子公司共有员工500余人，三地因业务交流出差往返较为频繁。首席健康官对在蓉员工、出差返蓉员工以及外来人员进行信息分类登记，形成了三本独立台账，新冠疫情期间对疑似出入风险地区人员的情况一目了然，能够起到细排查、早发现的作用。此外，首席健康官还借助企业业务优势为员工量身制订了健身计划，包括一周内需在公司产品"魔镜"上进行3次及以上的健身打卡，每次健身时间需超过30分钟。为了调动员工们健身的积极性，还分别推出"红榜""黑榜"。[1]

探索"首席健康官"制度，构建企业、楼宇、社区属地的"点—线—面"联动健康工作体系，健全政府、社会、单位、个人协力推进健康管理的工作格局，尤其是在新冠疫情期间达到了底数清、反应快的防控效果，实现了在公共卫生委员会职能建设上的新突破，打通了健康管理从社区到企业的"最后一公里"。

2. 家庭签约医生：最温暖的"医"靠

2023年5月，成都市卫生健康委员会、成都市财政局、成都市医保局等5部门联合发布《成都市推进家庭医生签约服务高质量发展实施方案》，进一步夯实基层卫生健康服务网底。

线上问诊、电话咨询、上门服务、慢病监管……成都的家庭医生通过这些方式把服务延伸到每一户居民，像毛细血管一样扎根于各个基层医疗卫生机构，

---

[1] 吴怡霏：《鼓励员工锻炼 把好园区健康关》，《成都日报》2022年3月24日。

公园城市

为居民提供基本公共卫生和健康管理等服务，让群众健康更有"医"靠。

"王医生，我娃娃最近发烧了该用啥子药啊？""我最近咳得厉害怎么办？""我最近血压有点高怎么办啊？"……武侯区玉林社区卫生服务中心的医生王小刚每天除了自己的常规工作外，作为家庭医生团队的一员，他的手机基本保持24小时在线，为居民提供健康咨询。

在成都，组建了由医联体上级专家、全科医生、社区护士、公卫医生、乡村医生等组成的家庭医生团队3039支，有的团队甚至还根据需要加入心理咨询师、营养师、社区工作人员、志愿者等。[1]他们分布在各个基层社区卫生服务中心，为市民提供预防、保健、治疗、康复、健康教育等基本医疗、健康管理服务。无数像王小刚这样的家庭医生，成为了居民家门口的"医"靠。

有了家庭医生以后，大家有了固定就医逻辑：小问题先向自己的家庭医生问诊，再决定是否需要去医院。那么，家庭医生是如何给医院"分流"的呢？以双流区西航港街道为例，街道内共有常住人口39.2万人，他们以社区为单位把居民分配给社区卫生服务中心的27个家庭医生团队，每个团队有近10人，由家庭（全科）医生、社区护士、上级医院专科医生、中医医生等组成，与市民建立联系。[2]

"十四五"期间，成都稳步推进医共体建设，加强县域医疗次中心建设，加强特色科室建设，细化家庭医生签约服务，做到医防融合、全专结合，基层医院的整体医疗服务水平得到提高，使得基层守门人的作用不断凸显。[3]

---

[1] 杨甦、周滎鸿：《当好居民健康"守门人" 成都组建家庭医生团队3039支》，四川新闻网客户端，https://baijiahao.baidu.com/s?id=1752870287935648653&wfr=spider&for=pc。

[2] 章玲：《随叫随到！成都3000多支家庭医生团队，给市民当"私人医生"》，《成都商报》2022年12月20日。

[3] 成都市卫健委：《关于"健康成都更美好"的诚意答卷》，《大众健康报》2022年1月26日。

第五章　增强公园城市治理效能　打造城市治理现代化的示范区

（二）提升"冗余力"

1. 活水公园：海绵城市进行时

2015 年，国务院办公厅印发了《关于推进海绵城市建设的指导意见》，成都市积极响应国家政策推进海绵城市建设，推进建设自然积存、自然渗透、自然净化的"海绵城市"。2019 年，按照公园城市建设要求，成都建成了桂溪生态公园、江滩公园、天府公园等百余个重大生态示范项目。2022 年，围绕建设践行新发展理念的公园城市示范区，对建成于 1998 年的活水公园按照海绵城市建设和水生态文明建设需要启动了优化提升工作，进一步完善了雨水自然处理系统、生态河堤系统，构成山水林田湖生命共同体的大海绵城市系统。

作为以水生态为主题的城市生态环境教育公园，"水"仍然是活水公园的"C 位"。公园中心游线就是河水的净化过程，依次流经厌氧池、流水雕塑、植物床、养鱼塘等净化系统的河水，水质就能由"浊"变"清"、由"死"变"活"，人工湿地塘床是整个生态水处理系统的核心。水是活水公园的绝对主角，而植物也是其中的特色和亮点，形成了可进入、可参与的林下休闲场景。人工湿地塘床构成了良好的湿地生态系统和野生动物栖息地，既能够分解水中的污染物，具有净化水体的作用，对于游客而言又有较好的观赏性和知识性。除此之外，公园呈现出的"森林感"也是一大特色，让游客感叹公园内的生态净水系统不仅好用，而且好看。

活水公园不仅是游客游玩的一个好去处，对于城市的水循环也起到重要作用。公园地面由渗透砖、粗砂、土工布、碎石、自然地面构成，下方设置了雨水导流管道，下小雨时雨水能自然下渗，进入 PP 蓄水池，这些雨水可回收用

公园城市

作绿化浇灌、市政杂用、景观用水、冲洗公厕等。①由于有这样的渗透型地面，下雨天既能方便市民出行又能实现对雨水的回收利用，城市路面也就能更好地"呼吸"。

活水公园还有一个名片，便是用自然生态手法进行水治理，成为成都首个"无蚊公园"。"活水"和"净水"相对不容易滋生蚊虫，而且活水公园内运行的多重过滤与水生态净化系统能有效消除蚊虫的繁殖条件。另外，活水公园调整了植物品种，能够有效减少蚊虫的繁衍空间。

2. 城市通风廊道：成都头顶"新风系统"

成都地处四川盆地，西边有青藏高原，南边有云贵高原，北侧还有秦巴山脉，位于背风区，常年处于小风、静风的状态，大气自净能力较差，尤其在静稳天气多发的秋冬季，易发生颗粒物的累积和二次生成，扩散条件不利。②作为一个"少风"的城市，成都想从风那里"借"到大气污染防治之力。

为从空间规划方面助力大气环境质量提升，成都从2012年开始对通风廊道体系构建开展了持续深入的研究。《成都市城市总体规划（2016—2030年）》中明确提出了通风廊道规划要求，通过科学规划，引进软新风，改善大气质量，而通风廊道具有"把城外新风引进城，把城里污染物吹走"的效应，这就必然要求对廊道内建筑的高度、密度和布局形式，对廊道内的大气污染物排放等方面强化管控。③

2021年10月发布的《成都市大气污染防治条例》明确，成都在制定国土空间规划时，应当充分考虑对大气环境的影响，将空气质量达标规划等空气质量

---

① 袁弘：《天然净水器 植物博物馆》，《成都日报》2022年7月25日。
② 薛丽萍：《地处盆地，成都如何"引风入城"助力治气？》，《中国环境报》2022年12月6日。
③ 缪梦羽：《将通过构建多级通风廊道缓解城市热岛效应》，《成都日报》2021年8月10日。

第五章　增强公园城市治理效能　打造城市治理现代化的示范区

改善规划纳入其中。同时也进一步明确，禁止在本市规划已经确定的通风廊道区域内新建、改建、扩建排放大气污染物的工业项目；通风廊道区域内已有的排放大气污染物的工业项目，区（市）县人民政府应当组织逐步清理或者外迁。

成都探索形成了一套适用于高静风频率城市的通风廊道规划技术方法，在成都市域范围内以保护风源为基本原则构建了科学寻风、引风入城、环流补风的三级风道系统，并按照源头治理、阻隔污染和促进通风的原则提出了对风道的分区管控要求。通过将大气环境特征精准投射到地理空间的方法，创新构建适用于空间规划的高精度风源空间量化评估模型、冷热源空间量化评估模型、工业区点源污染空间传输评估模型，可为风道定界与分区管控提供科学依据。同时，对于新老城区通风环境提出了不同优化策略，对于老城区，以优化现有通风环境为目标，要求在旧城更新改造时落实潜在风道、打通堵点，改善通风环境；对于新区，以创造最优通风环境为目标，提出可降低热岛效应产生的布局模式指引，在城市建设初期从源头减少大气环境问题。

（三）守护"烟火气"

1. 派出所吹哨、警种报到：绘就亮丽"平安蓝"

"望江路发生盗窃案，需要情报分析、取证支撑……"2023年4月25日8时许，四川省成都市公安局武侯区分局情指中心收到"情指行"智慧作战平台弹出的派出所需要支援的信息，值班人员立即将该信息推送到分局相关部门。经过多警种联动侦查，犯罪嫌疑人踪迹很快被锁定。15时许，6名犯罪嫌疑人被全部抓获。

这是成都公安持续优化调整基层警力资源布局，探索推出"派出所吹哨、警种报到"联动机制，实现侵财犯罪案件"朝发夕破"的生动缩影。

公园城市

为切实做好基层矛盾纠纷就地解决，成都公安深入践行新时代"枫桥经验"，实施"深耕计划"，融入"微网实格"，大力开展"百万警进千万家"活动，协同各方力量解决影响群众切身利益的突出问题，推动社会治理从"控事稳局"向"深耕善治"有效转型。成华区猛追湾辖区有一个老旧院落，从2019年开始进行"三供一业"（企业的供水、供电、供热和物业管理）改造，将管理职责移交属地政府时，由于院落性质从单位宿舍改变为普通社会院落，租客和外来人员越来越多，盗窃案件时有发生，噪声扰民、犬只扰民等不文明现象以及矛盾纠纷、安全隐患也随之增多。成华区分局猛追湾派出所联合社区，积极发动退休老党员成立自治小组，由党支部书记担任组长、微网格长，协助社区民警、网格员服务管理小区，成功就地化解了电梯安装、噪声扰民等引发的矛盾纠纷。

无论是人流熙攘的各大景区，还是蓬勃发展的工业园区；无论是繁花似锦的闹市中心，还是绿水青山的乡镇村落……成都公安立足公园城市特点，在社会治安防控体系建设中，注重发展与安全良性互动、秩序与活力融合共生，围绕"风从哪里来、险在何处生、防用哪几手、控构什么局"，组建风险隐患预测预警预防、突发事件防范处置等六大功能体系，形成了立体化信息化现代化的成都特色社会治安防控体系建设总布局。

平安，是成都最为厚重的城市底色之一。成都连续六次获评"平安中国建设示范市"，四度蝉联全国社会治安综合治理最高奖"长安杯"，多次居"中国最具幸福感城市"榜首。

2. 天府粮仓：筑牢粮食安全根基

以成都为核心区的"天府粮仓"，在我国历史上发挥过重要作用。在以高质量发展推进中国式现代化的新时代，"天府粮仓"仍然肩负着新的重要使命。

金秋九月，稻谷飘香。成都天府粮仓国家现代农业产业园迎来了丰收景象，

第五章 增强公园城市治理效能 打造城市治理现代化的示范区

稻田里一片金黄，在阳光下熠熠生辉。

2023年7月，习近平总书记在四川考察时明确提出"在推进乡村振兴上全面发力"。一个多月后的一天，在成都市天府粮仓国家现代农业产业园长江上游优质粮油中试熟化基地的稻田里，随着一声"开镰了"在稻田边响起，一排排收割机整齐有序地前进，展现了天府粮仓的丰收喜悦和成都田园的生态美景。金色的稻浪中，8台联合收割机来来回回穿梭，一串串饱满的稻穗很快被收割机收割、脱粒。不到2个小时，200余亩水稻就收割完毕。收割机将收割的稻谷转移到货车后运送至崇州的各个烘干厂进行烘干，加工成大米。

2022年，成都市出台《打造更高水平"天府粮仓"成都片区的实施方案》，加上之前出台的防止耕地撂荒、加强耕地保护、推动种业高质量发展等配套文件，为推进"天府粮仓"成都片区建设从顶层设计上提供了保障。

2023年，成都腾退果木种植粮食面积共7.1万亩，推广粮经间作套种模式20万亩，新增高标准农田33万亩，改造提升高标准农田16.2万亩，逐步把永久基本农田全部建成为高标准农田。至2025年，成都市耕地面积75%以上区域将建成"十化同步"的"天府粮仓"核心区。成都正在推动粮食生产由增产导向转向提质、增效、绿色导向，抓紧抓牢粮食生产，在新时代打造更高水平的"天府粮仓"。[①]

[①] 许齐棋：《"天府粮仓"成都片区建设：科技推动农业高质量发展》，《四川日报》2023年6月8日。

公园城市

三、品质：见微知著，臻于至善

形容我国的城市发展曾普遍使用过"日新月异""一日千里"这些词语。但随着城市基本设施建设的逐渐完成，高歌猛进的发展时代正在渐行渐远，城市发展也开始由增量扩张为主转入存量更新为主的新阶段。2019 年 11 月，习近平总书记在上海调研时谈到，无论是城市规划还是城市建设，无论是新城区还是老城区改造，都要坚持以人民为中心，聚焦人民群众的需求，合理安排生产、生活、生态空间，走内涵式、集约型、绿色化的高质量发展路子，努力创造宜业、宜居、宜乐、宜游的良好环境，让人民有更多获得感，为人民创造更加幸福的美好生活。[①]

公园城市理念提出以来，成都始终坚守美好生活的需要，着力统筹优化超大特大城市中心城区和郊区的功能布局，运用系统思维加强城市整体设计，加快形成多中心、网络化、组团式功能结构，利用新的运营方式提高存量空间的综合使用效率，营造小尺度、人性化、富有人情味的城市空间肌理，塑造丰富多变的街道景观，加强城市特色风貌塑造，保护提升历史风貌，提升城市建设美学水平，全面提升城市空间品质。推动城市高质量发展，必须推动城市由外

[①] 《习近平在上海考察时强调 深入学习贯彻党的十九届四中全会精神 提高社会主义现代化国际大都市治理能力和水平》，《海东时报》2019 年 11 月 4 日。

延式扩张转向内涵式发展,形成良好的规模效应、聚集效应、扩散效应,不断提升城市发展能级。

(一)城市"面子""里子"都出彩

1. 老街的"自生长"

城市更新是城市发展的客观规律,城市自诞生之日起,从早期的建设、复苏、重建、再开发、再生到城市复兴,各种类型的城市都要经历更新的过程。中国式现代化背景下,城市更新作为推进存量发展的重要手段,已经成为一个热点话题,而品质提升是城市更新必然面临的重要议题。

曾经的成华区猛追湾街道天祥滨河路,长约700米的路段有6个老院落,且多是30年以上老旧房屋。与邻居望平坊的时尚范儿不同,这里不仅风貌老旧,底商多是串串香、烧烤店、麻将馆等业态相对较差的商业,还存在一定程度的烟火和噪声扰民现象,商户和居民关系曾一度陷入僵持。

如何提升整体的风貌、业态,做好社区发展治理,满足居民需求的同时激活社区商业,成为社区在"微更新"中需要全面考虑的问题。在改造时,社区主动创新工作方法,以公园城市理念将历史人文与自然生态有机融合,让老街开启颜值在线、功能在线的有序自然生长模式。2022年初,社区党委牵头同商家、居民一起寻找新兴业态,在不破坏原社区商业生态的前提下,鼓励市场主体改造闲置空间及不良业态,引领区域消费场景,引进专业的社区规划师进行整体策划风貌布局,由社区、社区规划师、商家、房东、居民等构成的微更新众创组开始了天祥滨河路美学自更新的实践。历时近一年,一幅"烟火人间·缤纷共建"的场景逐步在天祥滨河路呈现。

在引入市场主体培育社区新业态的同时,猛追湾街道党工委始终坚持共建

公园城市

成华区猛追湾城市更新街区（韩杰 摄影）

共治共享，充分尊重人民群众主体地位，服务人的全面发展，以服务式的态度协调商家、居民、消费者之间的关系，探索公园城市现代治理路径。在这场微更新行动中，有的商家并没有大拆大建，而是保留下每一面老院墙，激活每一块老砖，呈现了一种新的市井美学。以老街坊吴师傅的理发店为例，这位老成都手艺人经营的"1.7平方米"的剃头铺，只是改变了一下门脸的装修，生意就变得越来越好。在他的隔壁，是一家名为"角头"的"90后"新青年的酷潮理发店。①老手艺人和20世纪90年代新青年的组合，碰撞出意外的火花。

昔日喧闹的麻将馆成为了潮人扎堆的轻食店，曾经烟熏火燎的烧烤摊变身为颇具网红气质的咖啡馆，新业态在这里迅速崛起，吸引了越来越多的年轻人来此打卡，这里既有成都慢生活的安逸，又散发出城市烟火气的魅力。在2022年成都市"幸福生活·美好社区"社区微更新项目竞赛中，天祥滨河路段微更新项目斩获一等奖。

城市更新，要"面子"更要"里子"，"面子"代表了风貌，而"里子"则代表了城市的底蕴。让市民家园更有颜值、市井生活更有品位是成都市正在实施的"幸福美好生活十大工程"的重要内容，成都以新发展理念为"魂"，以公园城市为"形"，向纵深推进城市微更新，一系列的老街巷、老建筑被深度挖掘历史文化后赋予了新的内涵，激发出新的活力。

2. 金角银边的方寸之美

"金角银边"是围棋中的专业术语，对城市而言，是指能充分挖掘现有土地潜力，实现城市剩余空间的再生利用。在新发展理念的指引下，成都出台了《成都市更新利用城市剩余空间打造"金角银边"三年行动方案》《成都市公园城市"回家的路"金角银边景观建设指引（试行）》《关于"金角银边"业态场景植入涉及商业业态相关证照办理的指导意见》《公园城市"金角银边"场景营造指南》等多项政策措施，重点是将城市中的"边角余料"有序、规范地变为"金角银边"。

在公园城市的"城市剩余空间"，利用口袋绿地提升社区环境，拓展全民体育健身场域，打造集体育运动、文化休闲、社区便民服务为一体的综合性社区服务场所。双桥子立交桥桥区公园和T立方双桥子社区篮球公园在此背景下应

---

① 卢佳丽：《老街"自生长"主打一个潮》，《成都日报》2023年6月8日。

公园城市

运而生。

成都双桥子桥下空间曾经是立交桥下无人关注的小游园，开展"金角银边"示范点位建设后，完成了绿化景观提升面积27000平方米，其中硬质景观铺装面积1500平方米，桥下景观效果得到大幅度提升，将零散的空间通过资源整合划分为青少年活动聚集区、街角游园绿地、社区健身休闲区等区域，为居民提供可参与、可进入且集休闲娱乐、健身运动于一体的"城市花园"立交桥，成为了很多居民散步休闲的不二之选。T立方双桥子社区篮球公园面积为1800平方米。这个空间原为桥下废弃空间，车辆乱停乱放、杂物乱堆、卫生死角等问题突出，通过"小更新""微改造"，摇身一变成了篮球主题体育公园，篮球运动爱好者的城市"森林"。公园还加入了儿童体适能项目、运动轻食、体育装

府青路运动空间（韩杰 摄影）

备、篮球教育培训等商业消费场景，成为城市高密度空间和公共交通枢纽的运动休闲缓冲区，为市民提供"家门口"运动休闲消费新去处。类似的大面积桥下空间利用项目还有成华区府青桥下运动空间、金牛区营门口桥下空间等，既扮靓了城市景观，也提供了运动健身的桥下绿色空间。[①]

成都积极梳理辖区内废弃和剩余空间，以市民需求为基础，进一步加强景观植入、设计手法，提升空间品质，让更多的剩余空间成为兼具生态性、文化性与实用性的"金角银边"，做到问计于民、问需于民，确保空间利用真正解决老百姓的痛点和难点。

3. 老旧小区改造"按需定制"

老旧小区改造是关系到城市品质提升的重大民生工程和发展工程，直接牵动着居民的幸福生活。如何既重"面子"又重"里子"？是否能满足居民们的切身需求？成都积极鼓励小区居民成为"设计师"，在改造中实施"一院一策"，根据居民的需求"按需定制"，青羊区府南街道同德社区同馨苑小区就是老旧小区改造的一个缩影。

同馨苑小区是20世纪90年代建造的老旧小区，共有3栋楼，住着84户155人。这种老旧小区道路狭窄，没有规划停车位，长期以来，居民停车只能"见缝插针"，有空位就停，导致小区又乱又堵，影响居民生活的幸福感。

2022年7月，在全方位多渠道征求居民诉求和意见后，小区改造启动。随着改造工作如火如荼地进行，越来越多的居民积极参与到这项工作中。改造过程中，居民就提出停车难的问题，得到街道和社区的大力支持。改造完成后，同馨苑小区焕然一新，进大门就看到一块液晶显示屏，滚动播放着小区的提醒事项。按照居民要求，小区拓宽了机动车道，全面梳理规划出专用的机动车停

[①] 赵悦：《"边角料"上演"变形记"》，《新成华》2022年8月16日。

车位，车有停车位可以停，居民进出小区方便多了，有效解决了小区车辆乱停乱放的问题。小区左边有一个古朴的小凉亭，里面有桌椅，还有好看的绿植，干净、整洁而且温馨，为居民提供了休憩、交流的好场所。难以想象的是，这里改造前是一个堆满垃圾、臭味熏天的垃圾房，居民都要捏着鼻子绕道走。这个小凉亭改造也是在这次改造过程中居民出的主意。

从平整道路、修建花坛、加固外墙、加装电梯等硬件提升，到生活品质改善和文化氛围营造，从"要我改"到"我要改"……成都市以建设践行新发展理念的公园城市示范区为统领，出台了《成都市城镇老旧院落改造"十四五"实施方案》《成都市"中优"区域城市剩余空间更新规划设计导则》等一系列办法，严明改造流程和标准，组织居民参与，规范标准和时限。成都还将进一步系统谋划推进老旧小区改造，增强城市功能品质，建设有温度、有质感、有内涵的公园城市。

4. 公共交通导向的发展模式（TOD）按下"加速键"

TOD（transit-oriented development），直白地说，就是让每个轨道公交站都变成城市发展的中心，成为每个人生活的"赋能点"。从全球视野来看，在"城市病"蔓延的当下，交通问题严峻，土地资源日益紧缺。为优化城市空间，很多国际城市正在全面进入轨道交通和TOD的时代，例如新加坡、日本东京和中国香港等人口密集的地区也逐渐取得了TOD的成功经验。TOD混合多种土地功能及多种城市功能设施，综合高效配置资源，使周边土地价值最大化，并在提供宜居环境的同时，以高效的轨道交通作为运输骨架，公共交通进行配合，辅以完善的人行系统，提高公共交通工具的吸引力，构建"通勤圈""生活圈""商业圈"高度融合的通勤体系。

从2017年底率先在国内提出打造TOD之城概念，到2023年推进33个TOD项目开发建设，TOD如同一颗种子，在成都扎根已深、枝干已盛。

第五章　增强公园城市治理效能　打造城市治理现代化的示范区

作为"公园城市"首提地，成都TOD开发呈现出浓厚的绿色特征，将容积率向核心区转移，实现核心区集约开发、功能混合，退让出更多公园绿地和开敞空间，让都市风光与自然景色交相辉映、繁华喧嚣与雅致恬静交互融合，打造推门见绿、开窗见景的雪山下的公园城市空间形态。

成都发展TOD还具有一大特点：从重视建立健全顶层设计上改变城市传统的发展模式，形成了"1+3+N"的政策体系，成为引领城市发展格局的重要抓手。不仅如此，成都还是国内率先将公园城市理念与TOD综合开发相结合的城市。每个TOD项目绿地率不低于35%，绿化率不低于40%，这是成都轨道TOD建设的硬性指标。

除了彰显公园城市美学价值、减碳效益外，成都还将TOD综合开发作为建设践行新发展理念的公园城市示范区的重要路径，诸多项目内还构建起"公园＋小游园＋微绿地"多层次公园体系。通过TOD综合开发高效集聚人口岗位，促进新区发展、旧城有机更新，优化城市空间结构；促进人流、商流等经济要素高度集聚，重塑产业经济地理；营造多样化场景、增强城市活力；提高综合效益，实现轨道交通可持续发展。例如，2023年亮相的成都首批TOD示范项目中，四川师大站TOD项目锦江府可谓是"吸睛体质"。随着近两年该区域的文化项目东门市井等点位的更新，区域的文化记忆被全面唤醒，这次TOD+"世界500强"的强强联合，标志着一个文创产业高地的形成，作为锦江区城市更新、公共配套的一部分，对区域发展和城市空间重塑也有着重大意义。

（二）从"独角戏"到"大合唱"

1."一根针"串起"千条线"

城市越大，越需要精细治理。像成都这样的超大城市，必须坚持党建引领，

公园城市

充分发挥党的政治优势和组织优势，将庞大的治理要素统揽起来。郫都区辖395平方千米，服务人口160万人，通过全面深化党建引领的"绣花针"，以画好一张网格、选好一支队伍、用好一个工具、建好一套机制、抓好一批试点的"五个一"为抓手，穿起了基层治理工作"千条线"。

"小区外有一处路面破损，能否协调修复一下？"居住在该小区的业主通过微网格员反映情况，微网格员在证实事件的真实性后及时将情况上报给社区，并协调相关责任人对路面进行修补，路面破损的情况很快得到妥善解决。这是发生在郫都区安靖街道某小区的一件小事，能这样快速处理辖区居民大小事，得益于党建引领"一根针"发挥的重要作用。近年来，安靖街道充分发挥街道党工委、村（社区）及微网格各党组织领导核心作用，根据实际情况，完善基础网格设置，组建治理服务队伍，实现微网格"最小工作单位"全覆盖，社区强化了党组织的引领作用，形成了"社区党组织—网格党支部—微网格党小组—党员中心户"的党建工作格局，确保党对网格管理的绝对领导。

安靖街道围绕街道、村（社区）、小区三级党群服务阵地设置了多个"靖邻服务角"，居民们可以在这里歇脚、喝水、充电、阅读，还可以开展公益培训，充分发挥新时代文明实践站宣传、教育、服务群众作用，不仅使社区生活环境得到极大改善，还促进了邻里关系和谐发展。

除了"靖邻服务角"这个固定平台，街道还积极创建流动服务平台。采用多种方式组建基层服务队伍，每周开展"流动服务日"活动，对重点人员进行走访、开展安全隐患排查、防电信诈骗、防邪、禁毒等服务。

党总揽全局、协调各方的领导制度体系和制度优势，是中国特色社会主义基层社会治理的显著特征。坚持和加强党的集中统一领导，能充分发挥党对基层组织的引领带动作用以及调节平衡作用。成都的实践表明，通过发挥党的政治优势、组织优势、制度优势、密切联系群众优势和基层党组织战斗堡垒作用，

第五章　增强公园城市治理效能　打造城市治理现代化的示范区

能激活社会治理体系的基层细胞。①

2. 志愿"小服务"释放"大能量"

青白江区大弯街道经常有一群穿着红马甲奔走在各小区、楼栋间的志愿者服务明星队伍——"川化大妈"和"成钢大爷"。这是志愿服务者队伍中最具代表性的一对组合，在街道党工委的领导下，以"奉献、友爱、互助、进步"的志愿者精神为辖区居民服务，参与到政策宣传、矛盾调解、治安防范等事务中，总是能及时把矛盾和纠纷化解在萌芽状态。

在青白江区的发展历程中，以四川化工厂、成都钢铁厂为代表的企业见证了青白江的变迁，大弯街道许多居民是在攀成钢及川化厂工作数十年的工人。他们年轻时在"成钢精神"和"川化精神"的浸润下拼搏奋斗，现在，他们传承着这种精神，以志愿者身份风雨无阻地为居民服务，继续为建设美好青白江贡献自己的力量。

2019年，化工路社区准备给侨家大院小区居民打造一个"邻里互助空间"，但社区遇到资金部分缺口难题，于是向大家发出了"众筹"倡议。众筹会现场，居住在小区从企业退休的大妈大爷你一言我一语，集思广益，最终以传承"川化精神"为标记的"川化大妈"名义开启众筹，解决了经费难题。这一支由20多人组成的"川化大妈"志愿者服务队由此应运而生。

如果把当初成立的"川化大妈"队伍比作一粒"种子"，党建引领就是促使其开枝散叶结出硕果的催化剂。在社区的号召下，党员志愿者主动出击，积极融入"川化大妈"志愿者服务队伍中，建立了"川化大妈"志愿服务队党支部。有了基层党组织，志愿者队伍工作起来就有了方向和目标。

---

① 陶元浩、戴焰军:《关于成都市党建引领基层社会治理创新的调研报告》,《中国井冈山干部学院学报》2020年第8期。

公园城市

看望慰问"空巢"孤寡老人、调解邻里纠纷、参与环境治理……行走在社区各个角落的"川化大妈"已成为大弯街道一道亮丽的风景线。很快，另一支志愿者队伍"成钢大爷"也成立了。随着"川化大妈""成钢大爷"队伍不断壮大发展，这两个代表社区正能量传递的载体已大大地扩展了内涵和外延，只要愿意参与志愿者服务，都可以加入"川化大妈""成钢大爷"行列，社区治理的"生力军"队伍越来越庞大。

志愿服务是社会文明进步的重要标志，是基层社会治理的有力推手。成都体现"公园城市以人民为中心"的发展逻辑，推动志愿服务有效融入基层社会治理，发挥志愿服务在组织动员、统筹协调和凝聚骨干等方面的积极作用，使志愿者成为服务社区群众的新力量。

第五章 增强公园城市治理效能 打造城市治理现代化的示范区

四、结语

让城市自然有序生长是筑城聚人之根、是美好生活之本。城市呈现出的万千美好，需要坚持尊重城市发展规律，统筹空间、规模、产业三大结构，统筹规划、建设、管理三大环节，统筹改革、科技、文化三大动力，统筹生产、生活、生态三大布局，统筹政府、社会、市民三大主体，以自然为美，把好山好水好风光融入城市。成都建设践行新发展理念的公园城市示范区，就是要直面城市有机生命体的多元性、复杂性，坚持人城产逻辑，在自然与有序之间权衡调适，不断探索转型发展突围之路，全面提高人居环境建设水平，保护自然山水，优化城市布局，完善城市功能，改善公共服务，保障城市安全，提升城市品质，延续城市文脉，彰显城市特色，探索转型模式，擦亮城市品牌，努力打造标定时代发展高度、承载美好生活向往的未来之城。

建设践行新发展理念的公园城市示范区，是顺应城市转型发展新要求的创新实践，有利于加快建设人城境业高度和谐统一的大美公园城市，打造彰显美丽中国底色的城市样板；是塑造城市面向未来竞争新优势的有效路径，有利于通过先行先试、辐射引领提升城市综合能级和国际竞争力，形成吸引国际高端要素和优秀人才资源的巨大引力场；是回应人民美好生活新期盼的主动作为，有利于把城市发展成果具化为可感可及的美好体验，加快打造共建共治共享的"人民城市"幸福样本。

公园城市

所有过往，皆为序章。着眼未来，建设公园城市示范区，推动成都现代化建设，需要继续坚持以习近平新时代中国特色社会主义思想为指导，深入学习贯彻党的二十大精神，全面落实习近平总书记对四川工作系列重要指示精神和党中央、省委决策部署，把握中国式现代化的中国特色、本质要求和重大原则，聚焦党中央和省委赋予成都的时代使命和独特定位，立足新发展阶段，完整、准确、全面贯彻新发展理念，主动服务和融入新发展格局，按照"讲政治、抓发展、惠民生、保安全"工作总思路，突出以成渝地区双城经济圈建设为总牵引，坚持以全面建设践行新发展理念的公园城市示范区为总统领，把牢"四化同步、城乡融合、五区共兴"总抓手，坚持功能提级推动高质量发展、幸福提质创造高品质生活、智慧提能实施高效能治理，努力建强"大后方"、唱好"双城记"、做强"都市圈"、建好"示范区"、打造"幸福城"，加快建设中国西部具有全球影响力和美誉度的社会主义现代化国际大都市，奋力谱写中国式现代化万千气象的成都篇章。

参考文献

［1］习近平.习近平著作选读（第二卷）［M］.北京：人民出版社，2023.

［2］中共中央党史和文献研究院.习近平关于中国式现代化论述摘编［M］.北京：中央文献出版社，2023.

［3］中共中央党史和文献研究院.习近平关于城市工作论述摘编［M］.北京：中央文献出版社，2023.

［4］中共中央党史和文献研究院.习近平关于金融工作论述摘编［M］.北京：中央文献出版社，2024.

［5］中共中央宣传部、中华人民共和国生态环境部.习近平生态文明思想学习纲要［M］.北京：学习出版社、人民出版社，2022.

［6］经济日报社.践行习近平经济思想调研文集（2023）［M］.北京：人民出版社，2024.

［7］张占斌.中国式现代化与高质量发展［M］.北京：人民出版社，2023.

［8］林毅夫，等.读懂中国式现代化：科学内涵与发展路径［M］.北京：中信出版集团，2023.

［9］当代中国研究所.中国式现代化简史［M］.北京：当代出版社，2023.

［10］潘家华，姚凯.公园城市蓝皮书：公园城市发展报告（2023）［M］.北京：社会科学文献出版社，2024.

［11］陈明坤，魏成．成都公园城市建设的乡村表达：以川西林盘为例［M］．北京：科学出版社，2024．

［12］朱桂龙．智慧城市建设理论与实践［M］．北京：科学出版社，2015．

［13］唐亚林，等．城市治理的逻辑：城市精细化治理的理论与实践［M］．上海：复旦大学出版社，2022．

［14］杨涛，杜晓宇．绿色金融：助力碳达峰、碳中和［M］．北京：人民出版社，2021．

［15］彭少麟，周婷，廖慧璇，等．恢复生态学［M］．北京：科学出版社，2021．

［16］谢正义．公园城市［M］．南京：江苏人民出版社，2019．

［17］闵希莹，顾永涛，刘长辉，等．成渝地区双城经济圈高质量发展的重大举措与实践探索［M］．北京：社会科学文献出版社，2023．

［18］袁庭栋．巴蜀文化志［M］．成都：四川人民出版社，2022．

［19］李果．寻城记：成都［M］．北京：商务印书馆，2014．

［20］张丰．成都的细节［M］．南京：江苏凤凰文艺出版社：2022．

［21］何一民，王毅．成都简史［M］．成都：四川人民出版社：2018．

［22］魏娜．我国城市社区治理模式：发展演变与制度创新［J］．中国人民大学学报，2003（1）．

［23］吴新叶．超大型城市社区应急治理的"韧性"路径探索［J］．北京社会科学，2023（9）．

［24］廖茂林，占妍泓，周灵，等．习近平生态文明思想对公园城市建设的指导价值［J］．中国人口·资源与环境，2021（12）．

［25］钟婷，张垒，阮晨．成都环城生态区生态价值转化路径研究［J］．规划师，2020（19）．

［26］曾九利，唐鹏，彭耕，等．成都规划建设公园城市的探索与实践［J］．

城市规划，2020（8）.

［27］范颖，吴歆怡，周波，等.公园城市：价值系统引领下的城市空间建构路径［J］.规划师，2020（7）.

［28］夏志强，谭毅.城市治理体系和治理能力建设的基本逻辑［J］.上海行政学院学报，2017（5）.

［29］张静波，周亚权.城市公共空间治理体系与治理方式创新的路径［J］.云南行政学院学报，2018（4）.

［30］任兵，陈志霞，张晏维，等.首都超大城市治理现代化：基本逻辑、理念与路径构想［J］.城市问题，2021（12）.

［31］赵涛，张智，梁上坤.数字经济、创业活跃度与高质量发展：来自中国城市的经验证据［J］.管理世界，2020（10）.

［32］张军扩，侯永志，刘培林，等.高质量发展的目标要求和战略路径［J］.管理世界，2019（7）.

［33］王一鸣.百年大变局、高质量发展与构建新发展格局［J］.管理世界，2020（12）.

［34］吴传清，邓明亮.科技创新、对外开放与长江经济带高质量发展［J］.科技进步与对策，2019（3）.

［35］魏奇锋，徐霞，杨彩琳，等.成渝地区双城经济圈科技创新与经济高质量发展耦合协调度研究［J］.科技进步与对策，2021（14）.

［36］李优树，冯秀玲.成渝地区双城经济圈产业协同发展研究［J］.中国西部，2020（4）.

［37］姚树洁，刘嶺.促进区域经济均衡增长，构建"双循环"新发展格局：基于成渝地区双城经济圈建设视角［J］.陕西师范大学学报（哲学社会科学版），2021（5）.

［38］杜运周，刘秋辰，程建青.什么样的营商环境生态产生城市高创业活

跃度？：基于制度组态的分析［J］．管理世界，2020（9）．

［39］刘培林，钱滔，黄先海，等．共同富裕的内涵、实现路径与测度方法［J］．管理世界，2021（8）．

［40］李实．共同富裕的目标和实现路径选择［J］．经济研究，2021（11）．

［41］裴长洪，刘斌．中国对外贸易的动能转换与国际竞争新优势的形成［J］．经济研究，2019（5）．

［42］吴岩，王忠杰，束晨阳，等．"公园城市"的理念内涵和实践路径研究［J］．中国园林，2018（10）．

［43］杜积西，陈璐．西部城市形象的短视频传播研究：以重庆、西安、成都在抖音平台的形象建构为例［J］．传媒，2019（15）．

后　记

2023年7月28日，习近平主席在成都第31届世界大学生夏季运动会开幕式欢迎宴会上发表致辞，向各国嘉宾发出邀约，欢迎大家到成都街头走走看看，体验并分享中国式现代化的万千气象。成都作为目前国内唯一获批的公园城市示范区，在中国式现代化城市发展实践中，具有典型性、代表性和特殊优势。成都处于中国西部腹地，自古便是良田沃土、衣食富足之地，素有"天府之国"美誉。如今，得益于得天独厚的区位交通条件、雄厚的产业基础以及人才、科教资源等优势，成都抓住"一带一路"、新时代西部大开发、成渝地区双城经济圈建设等重要战略机遇，成为中国最具活力和幸福感的城市之一。

公园城市示范区是新时代成都推进中国式现代化城市实践最鲜明的特质，也是成都发展取得重大成就、发生重大变革的根本所在。本书撰写过程中，紧密结合国务院批复的《成都建设践行新发展理念的公园城市示范区总体方案》，梳理从公园城市到公园城市示范区的建设历程，按照成都建设城市践行绿水青山就是金山银山理念的示范区、城市人民宜居宜业的示范区、城市治理现代化的示范区"三个示范区"的目标定位，从塑造公园城市优美形态、增进公园城市民生福祉、激发公园城市经济活力、增强公园城市治理效能等方面构成本书总体结构，既展现成都推进公园城市建设的发展历程，又呈现成都聚焦重点领域目标的生动实践。

本书缘起于中共中央党校（国家行政学院）中国式现代化研究中心、国家

公园城市

行政学院出版社关于"中国式现代化的城市故事"丛书约稿。2023年6月收到约稿函，中共成都市委党校（成都行政学院）校（院）委高度重视本书，将其列入2023年"学习贯彻习近平总书记来川视察重要指示精神"重大专项课题，组织校内不同专业的教研人员组成课题组，赴成都市级相关部门、有关区（市）县调研搜集资料，深入展开研究。

本书由中共成都市委党校（成都行政学院）组织编写，由中共成都市委党校（成都行政学院）市情研究所副所长王胡林副教授负责总体框架设计。全书除序言、结语外，共分为五章，各章撰写分工如下：第一章由中共成都市委党校（成都行政学院）市情研究所王胡林副教授撰写；第二章由中共成都市委党校（成都行政学院）公共管理教研部练忆茹副教授撰写；第三章由中共成都市委党校（成都行政学院）文化建设教研部方贤洁博士撰写；第四章由中共成都市委党校（成都行政学院）经济学教研部彭聪博士撰写；第五章由中共成都市委党校（成都行政学院）图书馆唐璞妮副研究馆员撰写。全书由王胡林负责统稿，自由媒体人韩杰为本书提供了大量的图片。

在本书资料收集、文稿撰写、出版联络过程中，中共成都市委党校（成都行政学院）科研处给予全程的帮助和指导，中共成都市委宣传部为本书图片搜集提供了帮助。国家行政学院出版社做了大量细致的编校工作。在此，一并表示感谢。

由于作者学识水平有限，加上时间仓促，不足之处在所难免，敬请批评指正。

王胡林

2024年5月